LE COMTE

DE

VERMANDOIS

HISTOIRE DU TEMPS DE LOUIS XIV

— 1683 —

PAR

PAUL LACROIX

(BIBLIOPHILE JACOB)

6

PARIS

ALEXANDRE CADOT, ÉDITEUR

37, rue Serpente

1856

LE COMTE DE VERMANDOIS

Ouvrages de Paul Féval.

Blanche Fleur . . . . 2 vol.
Le Tueur de Tigres. . . . . 2 vol.
Les Parvenus. . . . . 3 vol.
Le Capitaine Simon. . . . . 2 vol.
La Sœur des Fantômes. . . . . 3 vol.
La Fée des Grèves. . . . . 3 vol.
Les Belles de nuit. . . . . 8 vol.

Ouvrages d'Eugène Sue.

La Famille Jouffroy. . . . . 7 vol.
Fernand Duplessis. . . . . 6 vol.
Mémoires d'un mari . . . . 4 vol.
Gilbert et Gilberte . . . . 7 vol.
La marquise d'Alfi . . . . 2 vol.
L'Institutrice . . . . 4 vol.
Les Enfants de l'Amour . . . . 4 vol.

Ouvrages d'Alexandre Dumas fils.

Sophie Printemps . . . . 2 vol.
Le Roman d'une femme. . . . . 4 vol.
Diane de Lys et Grangette . . . . 3 vol.
Aventures de quatre femmes. . . . . . 6 vol.
Tristan-le-Roux. . . . . 3 vol.
Le docteur Servans. . . . . 2 vol.
Césarine. . . . . 1 vol.

Fontainebleau, imprimerie de E. Jacquin.

LE COMTE

DE

VERMANDOIS

HISTOIRE DU TEMPS DE LOUIS XIV

— 1683 —

PAR

PAUL LACROIX

(BIBLIOPHILE JACOB)

6

PARIS

ALEXANDRE CADOT, ÉDITEUR

37, rue Serpente

—

1856

1

Les confidences réciproques.

Fanchon rouvrit les yeux et recouvra par degrés le sentiment, sans avoir encore la conscience exacte de la situation où elle se trouvait.

Au lieu des brigands féroces que son

imagination, exaltée par les ténèbres et
par la solitude, lui avait représentés
comme accourant autour d'elle et prêts à
la massacrer, elle ne vit que deux jeunes
filles, dont la douce et charmante physionomie ne respirait que la compassion, et
qui s'empressèrent de la secourir.

Elle crut rêver ; mais, quand elle entendit la voix de Louise qui lui demandait
avec intérêt si elle n'était pas blessée et si
elle était capable de marcher ; quand elle
vit Thérèse qui l'aidait à se relever et qui
lui offrait le bras pour s'y appuyer, elle ne
douta plus de la réalité des objets que la
lumière vacillante d'une seule bougie lui
permettait de distinguer l'un après l'autre.

Elle était au milieu des bois ; sa robe,

accrochée à des branches de houx, l'avait arrêtée invinciblement à la même place, malgré ses efforts pour échapper à ce qu'elle croyait être une violence de la part des brigands; l'effroi lui avait fait perdre connaissance, lorsqu'elle fut tombée la face contre terre, où elle resta comme enchaînée.

Le souvenir lui revint presqu'aussitôt; elle se rappela sa fuite hors du château et sa marche aveugle à travers la forêt.

Ses mains et son visage étaient en sang, à cause des épines qui les lui avaient déchirés dans sa chute.

— Vous n'êtes pas blessée? lui dit mademoiselle de Chantemerle, en essuyant avec son mouchoir le sang des égratignures.

— Merci, oh ! merci, mes chères demoiselles ! répondit Fanchon, qui tremblait encore et soupirait d'émotion.

— Vous avez donc été attaquée et maltraitée par des brigands? lui demanda Thérèse, qui avait posé le flambeau à terre, et qui regardait aux alentours avec un air défiant et inquiet.

— Non, que je sache ! reprit la Raisin, déjà occupée à remettre en état sa toilette. Si j'avais eu affaire à des brigands, ajouta-t-elle, en s'assurant que ses bijoux étaient tous à leur place, ils auraient commencé par me dépouiller !

— Nous ne leur en avons peut-être pas laissé le temps, dit Thérèse, et ils se sont enfuis à notre approche.

— Le plaisant serait que les brigands eussent peur de nous ! s'écria Louise. Mais d'où vient que vous êtes seule ici, madame ?

— C'est toute une histoire, repartit la Raisin. Nous allons, s'il vous plaît, retourner au château.

— Quel château ? dit mademoiselle de

Chantemerle. Nous serions bien en peine
de vous conduire ailleurs que chez nous.

— Qu'est-ce que c'est que chez vous,
mesdemoiselles? répliqua Fanchon, qui
avait fixé les yeux sur le flambeau d'argent massif que Thérèse venait de reprendre en main.

— C'est l'Ermitage de la Madeleine! dit
Louise, soutenant la démarche chance-
lante de la Raisin, à qui les forces ne reve-
naient que graduellement, à mesure que
son esprit se tranquillisait.

— L'Ermitage de la Madeleine? Est-ce
qu'il y a là un ermite?

— Un ermite ! et pourquoi faire, s'il vous plaît ? Je doute qu'il y en ait jamais eu.

— Ce n'est donc pas un Ermitage. J'aurais été bien aise de voir de près un ermite... Nous sommes donc fort loin du château ?

— Il faudrait d'abord que je susse de quel château vous parlez !

— Et quel autre que le château royal, je vous demande ?

— Il n'y a pas de château royal à Charenton, à moins que vous entendiez par là le grand Temple de la religion réformée.

— Il ne s'agit point ici de temple ni de Charenton! répliqua la Raisin, qui se mit à rire aux éclats de ce qu'elle regardait comme un plaisant quiproquo.

— Où serions-nous, à votre avis? demanda Louise, devenue tout à coup pensive et agitée.

— J'ai marché une heure durant, s'il m'en souvient, dit la Raisin, consultant sa mémoire encore incertaine, oui, une heure environ; je ne me suis donc guère éloignée du château que d'une heure.

— Encore le château! Je vous ai priée de me dire, en toute vérité, quel est ce château?

— Morgué ? le château du roi, à Fontainebleau, ma belle demoiselle !

Mademoiselle de Chantemerle ne répondit pas.

Elle demeura un moment attérée, la tête basse et les bras pendants.

Puis, elle regarda Thérèse, qui avait rougi et qui se détournait pour ne pas rencontrer ce regard, dans lequel il y avait plus d'une question pressante.

Elle continuait de marcher en silence, accompagnée de la Raisin, qui ne faisait aucune difficulté de la suivre, sans savoir où elles allaient.

Thérèse éclairait la route, en les précédant.

Ce fut elle qui referma au verrou la porte de l'enclos, derrière la nouvelle compagne que le hasard leur avait envoyée.

Fanchon, tout à fait remise de sa frayeur, achevait de réparer le désordre de son habillement et de sa coiffure, tout en examinant avec curiosité la figure et l'extérieur de la belle jeune fille qui lui servait de guide et de soutien.

Elle se sentait portée de sympathie instinctive pour cette inconnue à la démar-

che noble, à l'air décent, au geste gracieux,
à la parole élégante, à la voix douce et
harmonieuse.

Mademoiselle de Chantemerle ne remar-
quait pas, l'examen minutieux dont elle
était l'objet ; elle s'absorbait dans ses réflexions pleines de tristesse et de découragement, car elle ne pouvait se dissimuler que Louis Breton l'avait trompée en
lui disant qu'il l'avait conduite à Charenton.

Fontainebleau ! château du roi !

Ces mots-là retentissaient comme de
douloureux échos au fond de sa pensée.

— Madame, dit-elle à la Raisin en la
faisant entrer dans la salle du rez-de-
chaussée, vous resterez ici jusqu'au jour,
et vous pourrez, le jour venu, aller là où
vous avez affaire. Thérèse s'en va vous
dresser un lit de camp...

— Il n'est pas l'heure de dormir, mademoiselle ! reprit la Raisin, qui ne se lassait
pas d'admirer la beauté et le grand air de
Louise. Vous me direz bien auparavant
en quel endroit je me trouve et qui vous
êtes ?

— Qui je suis? répliqua Louise, en poussant un soupir et en s'efforçant de sourire
pour cacher l'état de son âme. Il serait

plus à propos, ce me semble, madame, que vous nous apprissiez d'abord ce qui vous concerne?

— Oh! qu'à cela ne tienne, je ne me ferai pas prier pour vider mon sac. Regardez-moi bien, s'il vous plaît, et demandez-vous si vous ne m'avez pas vue quelque part?

— Où vous aurais-je vue, mademoiselle, si ce n'est au couvent de l'Ave-Maria, où chez ma tante de La Tour du Pin?

— Morgué! ce n'est point là où vous m'avez pu voir. Mais n'êtes-vous point allée à la Comédie?

— Non, madame; mon père avait défendu que j'y allasse, et ma tante ne m'y
a point menée.

— C'est étrange! dit la Raisin en jouant
avec ses dentelles. Votre tante vous au-
rait-elle donc élevée pour vous faire non-
nain?

— J'aurais mieux fait peut-être, mur-
mura-t-elle avec amertume, de rester
dans un couvent et d'y devenir religieuse!

— Autant vaudrait être tout de suite
enterrée! Je vous engage, mademoiselle,
à exiger qu'on vous conduise à la Comédie.

— A quoi bon ! dit Louise avec mélancolie. Groyez - vous que cela soit nécessaire pour le bonheur !

— Le bonheur ! repartit la Raisin, en la considérant avec étonnement et intérèt. Qu'est-ce donc que le bonheur à votre avis ?

— Le bonheur ! s'écria-t-elle en soupirant. J'espérais l'avoir trouvé, mais ce n'était qu'un songe !

Des larmes roulaient dans ses yeux : elle essaya de les retenir, et, pour y faire diversion, elle se tourna du côté de Thérèse, qui se cachait dans un coin de la salle, en suivant du regard tous les mouvements de l'âme que trahissait la physionomie de Louise.

— Thérèse, dit-elle froidement, je vous prie de chercher de quoi faire un souper pour madame?

— J'accepte d'avance tout ce que vous pourrez me donner, reprit gaîment la Raisin, car je suis à jeun depuis mon souper de l'autre nuit et je ne me suis nourrie que de poires d'angoisse!

— Mademoiselle, ne souperez-vous point aussi? dit, d'une voix humble et presque suppliante, Thérèse qui se penchait en

joignant les mains sur l'épaule de mademoiselle de Chantemerle.

— Non, je n'ai pas faim! répondit
Louise, en l'invitant du geste à sortir de
la salle.

— Vous avez là vraiment une agréable
habitation! dit la Raisin qui s'était levée
pour faire une sorte d'enquête et d'inven-
taire dans ce salon délabré où la lumière
d'une seule bougie luttait à peine contre
l'obscurité.

— Voulez-vous, madame, repartit mademoiselle de Chantemerle qui donnait à
sa voix et à son geste un caractère d'in-

jonction presque impérieuse, voulez-vous bien me faire connaître la personne à qui j'ai l'honneur de parler ?

— Ah ! ma chère demoiselle, dit la Raisin avec sa légèreté ordinaire, je n'ai pas l'avantage d'être une femme de qualité comme vous êtes, je le vois !

— Qui êtes-vous? interrompit vivement Louise, dont le cœur bondissait dans la poitrine.

— Rien qu'une comédienne de la troupe royale ! répondit la Raisin, en s'inclinant avec un rire goguenard.

— Une comédienne ! répéta Louise qui

ne put se défendre d'un sentiment de ré-
pulsion et d'effroi.

— Vous me connaissez de nom assurément, si vous ne m'avez pas vue jouer au
théâtre de l'hôtel Guénégaud. Je suis
Fanchon Pitel, dite Longchamps, aujour-
d'hui femme de l'acteur Jean-Baptiste
Raisin...

— Je n'avais jamais vu de comédienne
en face! Vous comprendrez après cela
pourquoi je suis surprise... Mais une question encore : d'où veniez-vous, où alliez-
vous à cette heure, dans la forêt de Fontainebleau?

— J'augure de cette question que vous

ne savez rien de moi et de la grande amitié que me porte monseigneur le Dauphin.

— Monseigneur le Dauphin ! répéta
lentement mademoiselle de Chantemerle,
qui marchait à pas pressés dans le champ
des conjectures, des inductions et des rap-
prochements. J'ignorais, objecta-t-elle
avec candeur, que monseigneur le Dauphin eût commerce avec des comédien-
nes !

— Il n'y a, de Paris à Rome, que vous
qui l'ignoriez, dit l'actrice, qui se rengor-
geait et se donnait des airs de reine.

— Et monseigneur le Dauphin, dites-vous, demeure maintenant au château de Fontainebleau ?

— Il y va demeurer quelques jours, puisqu'il y est revenu hier... Mais il en partira dès que je serai partie.

— Je voudrais bien voir une fois monseigneur le Dauphiu ! dit Louise que l'émotion gagnait et qui ne respirait plus que par soupirs saccadés.

— Je vous le veux montrer quelque jour, et je vous réponds qu'il vous aura une furieuse obligation de m'avoir sauvé la vie... Mais je sais un moyen de vous contenter sur-le-champ !... reprit-elle en cher-

chant le portrait du Dauphin qu'elle ava
dans son corset. Tenez, que vous semble
de cette grimace ?

Mademoiselle de Chantemerle s'empara
vivement de la peinture en émail que la
Raisin lui montrait.

Quand elle l'eut entre les mains, elle
l'approcha de la lumière, pour le mieux
voir de plus près : elle fut tellement frap-
pée au premier coup d'œil de la ressemblance du Dauphin avec Louis Breton,
qu'elle crut d'abord avoir devant les yeux
le portrait de ce dernier.

Elle éprouva une émotion poignante,

indéfinissable; un voile s'était répandu
sur sa vue; un tremblement convulsif
courait par tout son corps.

Mais en regardant avec plus d'attention
cette miniature, elle conçut des doutes et
elle reconnut par degrés que Louis Breton
n'était pas le même que le Dauphin.

Elle constata bientôt, avec une satisfaction intime, les différences plus ou
moins sensibles qui existaient entre les
deux personnages, entre le portrait qui
était sous ses yeux et le souvenir qui était
dans son cœur.

Elle demeura convaincue toutefois

qu'une ressemblance aussi complète ne pouvait pas être seulement un effet du hasard, un jeu de la nature.

Elle s'était souvent demandée, à part elle, avec inquiétude plutôt qu'avec joie, si Louis Breton n'était pas un prince déguisé; la figure de ce portrait venait de lui répondre, avant qu'elle pût savoir si le Dauphin avait un frère.

— Vous paraissez tout indignée, ma chère demoiselle? lui dit Fanchon, qui la considérait avec curiosité, en jouissant de sa surprise.

— Et vous m'assurez que ce portrait est

celui de monseigneur le Dauphin? reprit Louise, cherchant à pénétrer plus à fond dans la vérité.

— Quel autre voulez-vous que ce soit? il est, d'ailleurs, assez ressemblant pour qu'on le reconnaisse.

— Je vous ai déclaré que je ne l'avais jamais vu. Ne trouvez-vous pas qu'il ressemble beaucoup au roi?

— On se ressemblerait de plus loin. Cependant, il faut avouer que le roi est plus grand, plus noble, plus majestueux...

— Le Dauphin a cependant une admi-

rable figure! disait Louise, examinant toujours le portrait, et le comparant en idée
au prétendu Louis Breton ; ses traits sont
fins et délicats, ses yeux sont fort beaux,
sa bouche agréable...

— Oui, sans doute, mais l'air du visage
n'a rien que d'ordinaire, de simplet, d'in-
signifiant...

— Vous l'aimez pourtant, madame ,
puisque vous dites qu'il vous aime?

— Oh ! fit-elle en ricanant, qu'il m'aime,
le pauvre prince, cela ne fait pas doute,
et je conviendrai volontiers qu'un prince
ne saurait aimer plus que lui; mais, tout

Dauphin qu'il soit, je ne l'aime pas de même façon. Ainsi, à cette heure, nous sommes brouillés, et, pour que je lui pardonne, il faudra qu'il demande grâce.

— Le Dauphin n'est donc pas marié, reprit mademoiselle de Chantemerle avec candeur, qu'il a de l'amour pour vous?

— La bonne affaire! s'écria la comédienne en riant aux larmes. Vous vous étonnez qu'un homme ait de l'amour pour une autre que sa femme!

— Je ne m'étonne de rien, et crois tout possible, dit Louise en rougissant; je veux savoir seulement s'il est marié?

— Assurément; mais ce n'est pas cela qui peut nuire à la galanterie; bien au contraire, c'est un ragoût de plus. Au reste, ajouta-t-elle, en s'apercevant que la chaste jeune fille goûtait peu ces maximes d'une morale assez légère, monseigneur le Dauphin se pique moins d'amour que d'amitié; il se plaît à me voir danser, à m'entendre chanter et jouer de l'épinette, à me faire déclamer des vers de comédies, et à danser lui-même au son de ma musique.

— Certes, ce n'est pas là de l'amour! dit mademoiselle de Chantemerle, en faisant allusion au sentiment qu'elle avait inspiré à Louis Breton, et que ce dernier lui avait exprimé si tendrement.

— Eh! que serait-ce à votre avis, repartit la Raisin, qui s'offensait de ce qu'on ne la jugeait pas digne d'être aimée.

— C'est de l'amitié, probablement, madame ; c'est aussi un singulier amour... de la musique et de la danse.

Cette petite discussion, à propos d'amour, avait jeté un peu de froid et de contradiction entre ces deux femmes, si différentes de caractère, d'éducation, de naissance et d'état, mais animées néanmoins de cette bienveillance réciproque, qui naît ordinairement de la réunion fortuite des natures ardentes et sympathiques.

La Raisin, malgré sa profession de co-

médienne, paraissait aimable, originale et
amusante à sa nouvelle amie.

Celle-ci, dont le nom et la qualité étaient
encore inconnus à l'indiscrète et pétulante
Fanchon, lui avait déjà pourtant gagné le
cœur par une dignité de maintien, une
distinction de manières et une candeur de
sentiments qu'elle n'avait pas l'habitude
de trouver parmi ses compagnes du
théâtre de l'hôtel Guénégaud.

Ce sont souvent les contrastes et même
les disparates les plus étranges qui font
naître l'intelligence et le rapport des es-
prits entre eux.

La Raisin ne se sentait pas éloignée de

s'attacher avec passion, avec enthousiasme
à mademoiselle de Chantemerle, qu'elle ne
connaissait que depuis quelques minutes.

Louïse se serait aussi abandonnée à ses
bonnes dispositions en faveur de Fanchon,
si elle n'avait pas été tenue en défiance
par le préjugé que n'autorisait que trop la
condition d'une femme de théâtre.

Thérèse revint, apportant ce qu'il fallait
pour souper ; elle couvrit la table sans
prononcer un seul mot, épiant en cachette
tous les mouvements de Louise, mais évi-
tant de rencontrer ses regards.

Elle était visiblement troublée, et elle

semblait mal à l'aise vis-à-vis de sa maîtresse, qui affectait de ne pas l'embarrasser davantage en lui adressant la parole.

Cette espèce d'embarras ou de délica-
tesse réciproque, qui existait entre les deux
amies, n'échappa point à la Raisin, laquelle n'eut pas l'air de s'en apercevoir et
qui se garda bien d'y ajouter de part et
d'autre, par la continuation d'un entretien
que mademoiselle de Chantemerle avait
interrompu à l'arrivée de Thérèse.

Le couvert mis, Thérèse, qui l'avait préparé, n'attendit pas qu'on lui fît comprendre que sa présence était inutile ou impor-
tune : elle se retira la tête basse et les
yeux humides.

Louise s'était placée machinalement vis-
à-vis de Fanchon, quoiqu'elle n'eût pas
envie de faire honneur au souper.

La comédienne, dont l'appétit était excité par un long jeûne, par la fatigue du
chemin et par l'air vif de la forêt, se jeta
comme une affamée sur les plats, attaqua
un pâté, remplit son verre, et mangea d'a-
bord à belles dents, en accompagnant de
petits éclats de rire cette gaillarde démons-
tration de sa capacité gastronomique.

Mademoiselle de Chantemerle la regardait faire, sans toucher elle-même à sa
fourchette ni à son verre.

Elle suivait le fil de ses idées, en don-

nant à la dérobée un coup d'œil au portrait du Dauphin, qu'elle gardait toujours
dans sa main.

— Chère mademoiselle, n'en devenez
point amoureuse! dit, avec la bouche
pleine, Fanchon, qui avait remarqué l'impression profonde que la vue de ce portrait produisait sur sa belle inconnue.

— Je ne sais ce que vous voulez dire!
répliqua en rougissant Louise, que cette
boutade avait déconcertée.

— Je veux dire que ce pauvre prince ne
me saurait pas faire une infidélité... Vous
êtes assurément plus belle que je ne le

suis : vous devez être une fille de bonne
maison ; vous valez de tout point cent fois
mieux que je ne vaux : eh bien ! mon Dauphin aurait encore le mauvais goût de me
préférer...

— Oh ! mon Dieu ! madame, combien
vous vous méprenez sur la nature et l'objet de mes sentiments !

— Je m'étonne que vous preniez tant
de plaisir à regarder ce portrait ?

— J'en admire la peinture... C'est sans
doute un excellent peintre qui l'a fait.

— Un nommé Petitot, dit-on. Mais je ne

m'entends pas à ces sortes de choses, et je ne sais rien de la peinture ni des arts que vous semblez apprécier curieusement... Je m'entends mieux à manger et à boire. Que vous en semble? Vous feriez mieux de boire et de manger aussi de compagnie.

— Je n'ai pas faim! reprit Louise avec un soupir prolongé, qui fut accompagné de quelques larmes furtives.

— Vous n'avez pas faim, et vous pleurez? repartit la Raisin en l'examinant avec intérêt.

— Moi, je pleure! répliqua-t-elle, se faisant violence pour comprimer ses larmes.

Je suis triste, il est vrai ; j'ai le cœur
abreuvé d'amertume ; j'ai l'esprit troublé
de maint souci, mais je ne pleure pas !

— Qu'est-ce donc qui vous afflige ? demanda la Raisin. Ne peut-on rien faire
pour vous ôter de peine ?

— Je vous sais gré de cette sollicitude,
madame ; mais ce sont des chagrins auxquels Dieu seul daignera porter remède !

— Chagrins d'amour, peut-être ? Il n'en
est pas de plus difficiles à guérir, m'a-t-on
dit.

— Non, madame ! répondit timidement

mademoiselle de Chantemerle, surprise et presque blessée de l'indiscrétion d'une pareille enquête.

— Morgué! ne vous en défendez pas, mademoiselle. Vous êtes si belle et si gracieuse, que je m'étonnerais plutôt que vous fussiez sans amour! Mais, j'y songe, seriez-vous mariée? Je le suis bien, moi! ajouta-t-elle avec un éclat de rire.

— Je ne suis pas mariée! reprit Louise, qui laissa tomber sa tête sur sa poitrine.

— Oui-dà! qu'est-ce que je vois? s'écria tout à coup la Raisin en arrêtant son regard sur un des flambeaux d'argent qui éclairaient la salle.

Elle avait remarqué les armes de France
gravées sur ce flambeau.

Elle le prit à la main et le considéra de
plus près, pour s'assurer que c'étaient
bien les armes de France, à trois fleurs de
lys, deux en chef et une en pointe, sur-
montées de la couronne royale à huit
fleurs de lys, et entourées des deux ordres
du roi.

Les mêmes armes décoraient, au reste,
en relief ou en creux, toutes les pièces
d'argenterie que Thérèse avait posées sur
la table.

Après cette constatation, qui ne pouvait

laisser aucun doute dans l'esprit de Fanchon, accoutumée à voir les armes de France dans le séjour qu'elle faisait à Fontainebleau, la comédienne fronça légèrement le sourcil et lança un coup d'œil pénétrant à mademoiselle de Chantemerle, pour qui cette espèce d'inquisition commençait à devenir insupportable.

— Eh bien! que voyez-vous là? lui demanda mademoiselle de Chantemerle, d'un ton sévère et d'un air froid.

— Où suis-je donc ici? reprit vivement la Raisin, que n'avait pas intimidée la contenance grave et presque impérieuse de la maîtresse de la maison. Qui est-ce

qui loge céans? dit-elle avec plus d'ins-
tance, en n'obtenant pas de réponse à sa
première question, que Louise avait ac-
cueillie d'un geste d'impatience et de colère.

— Peu vous importe! répondit mademoiselle de Chantemerle, bien décidée à
faire cesser immédiatement ce système de
questions indiscrètes.

— Il m'importe beaucoup, au contraire,
et j'entends savoir, mademoiselle, si vous
connaissez le Dauphin?

— Je vous ai déjà répondu, à cet égard,
que je ne le connaissais pas avant d'avoir
pu voir ce portrait:

— Paroles que cela ! mais voilà des faits ! dit Fanchon en montrant les armes de France qui figuraient sur l'argenterie.

— De quels faits voulez-vous parler ? Qu'est-ce que vous me montrez là ?

— La preuve que vous connaissez le Dauphin, ou, sinon lui, quelque autre prince ou princesse de la famille royale.

— Ah ! fit Louise, qui, changeant d'air et de ton, devenait interrogatrice à son tour ; vous prétendez que ce sont là les armes du Dauphin ou de la famille royale ?

— Certes. Et vous avez beau jouer l'étonnée, vous ne sauriez l'ignorer, puisque...

— Je l'ignorais pourtant, repartit mademoiselle de Chantemerle, qui dominait son émotion et qui se donnait une apparence d'étonnement indifférent. Mais je ne l'oublierai pas, maintenant que vous me l'avez appris, madame!

— Il n'est que peu de personnes qui portent les armes de France; en dehors du roi et du Dauphin, je ne sache que les princes légitimés...

— Et quels sont-ils, ces princes légitimés? demanda Louise avec une anxiété qu'elle ne parvenait plus à cacher.

— Je ne vous les nommerai pas tous, et vous les nommeriez mieux que moi, m'est avis.

— Nommez ! nommez ! dit-elle avec l'accent de la prière.

— Il y en a plusieurs qui sont nés, soit de madame la duchesse de La Vallière, soit de madame la marquise de Montespan...

— Quels sont les enfants de madame de La Vallière ? interrompit Louise, se rappelant que Louis Breton lui avait parlé un jour, avec attendrissement, de l'amour et des infortunes de cette première favorite du roi.

— Je n'en citerai qu'un qui est un bien méchant prince, le comte de Vermandois.

—Le comte de Vermandois ! répéta mademoiselle de Chantemerle, à qui ce nom avait tout révélé comme par divination.

Elle était si émue, si agitée, si bouleversée, qu'elle feignit un malaise subit, pour sortir de table et pour se retirer dans sa chambre au premier étage.

La Raisin voulait l'y suivre ; mais Louise, qui se sentait prête à éclater et qui avait besoin d'être seule quelques moments pour se recueillir et pour reprendre courage, s'opposa très énergiquement à ce que la comédienne quittât la table, et elle lui promit de revenir bientôt.

Fanchon n'était pas encore rassasiée; ces explications incidentes l'avaient empêchée de donner carrière à son appétit, et elle fut bien aise d'achever tranquillement son souper, en réfléchissant à tout ce qu'il y avait d'étrange et de mystérieux dans cette aventure.

— Morgué! se disait-elle en imitant le jargon d'une paysanne du *Festin de Pierre*, de Molière, ça n'est pas honnête, Mathurine, d'être jalouse que monsieur me parle!... Je donne ma langue aux chiens, reprit-elle de son ton ordinaire, si cette

mignoune-là n'est pas amoureuse de monseigneur !

Mademoiselle de Chantemerle, une fois
qu'elle fut sans témoins, ne retint plus ses
larmes et ses sanglots.

Elle avait en elle-même la certitude de
sa position véritable ; elle savait, elle avait
deviné que Louis Breton n'était autre que
le comte de Vermandois, puisque ce n'é-
tait pas le Dauphin.

Elle ne prenait cependant aucun parti
et ne cherchait pas même à se faire une
résolution.

Elle remit sous ses yeux le portrait du

Dauphin, qu'elle avait emporté à la main, et elle se convainquit encore davantage que Louis Breton ne pouvait être que le frère du Dauphin.

Là-dessus, ses larmes recommencèrent à couler, et elle se disait en gémissant qu'elle était la plus malheureuse des femmes, sans oser s'entretenir de son malheur avec sa conscience.

Elle songeait néanmoins à partir, à s'éloigner pour jamais de cette maison fatale, à y laisser les illusions qui avaient fait sa joie et son bonheur depuis six semaines ; mais elle ne se sentait pas la force d'en venir à l'exécution de ce départ, de cette fuite, de cette séparation éternelle.

Au bout d'une heure d'incertitude et de désespoir, elle se souvint de la comédienne et elle eut aussitôt le désir de la rejoindre pour l'interroger et pour approfondir un secret qu'elle n'avait fait qu'effleurer et qu'elle tremblait de mettre à découvert.

Le portrait qu'elle s'était plu à regarder en y retrouvant tous les traits du soi-disant Louis Breton, avait glissé de ses mains sur ses genoux, et de ses genoux à terre : il était tombé au pied de son lit, et le tapis épais qui couvrait le plancher avait amorti le bruit de la chute de cet émail, qui ne s'était pas ainsi endommagé en tombant.

Mademoiselle de Chantemerle, relevant

la tête, aperçut Thérèse, immobile et at-
tentive sur le seuil de la chambre voisine
où elle s'était glissée sans bruit avec de
la lumière, pour observer et surveiller la
douleur de sa maîtresse.

— Thérèse ! lui dit Louise d'une voix
sourde et imposante avec un regard irré-
sistible : je veux savoir qui est M. Louis
Breton.

— Mademoiselle ! murmura Thérèse,
prête à se jeter aux pieds de Louise et ne
pouvant soutenir ce regard qui fouillait
au fond de son cœur comme un remords.
Pardonnez-moi !... Je ne vous ai pas dit...
J'aurais dû vous dire...

— Quel est-il? Son nom? son véritable nom?... Parlez, je vous l'ordonne!

— C'est... c'est M. le comte de Vermandois, le fils du roi et de madame de La Vallière !

Mademoiselle de Chantemerle ne répondit rien ; ses prévisions étaient confirmées.

Elle n'avait plus même la consolation de se réfugier dans le doute; elle regrettait son ignorance, qui, du moins, la laissait heureuse et tranquille.

Elle ne pleurait plus; ses yeux brillaient d'un feu sinistre.

Elle se leva lentement, soupira, hésita encore ; puis, s'armant de résolution, descendit dans la salle où la Raisin s'était endormie, les coudes sur la table.

Le léger sommeil de celle-ci fut interrompu par le retour de Louise, qui alla s'asseoir familièrement auprès de la dormeuse, à qui elle secoua le bras pour l'éveiller plus vite.

— Madame, lui dit-elle précipitamment, savez-vous quelque moyen de sortir d'ici et de retourner à Paris ?

— Sortir d'ici ? répliqua la Raisin, ne comprenant pas d'abord la question qui

lui était adressée, et se frottant les yeux,
comme pour éclaircir ses idées. Je ne vois
pas d'autre expédient pour sortir d'un
lieu où l'on est, que de passer par la porte
ou par la fenêtre.

— Je ne resterai pas ici une heure de
plus ! reprit Louise, en saisissant et serrant
la main de la comédienne, qui fut touchée
de cette marque de sympathie.

— Vous me faites peur, ma chère demoiselle ! s'écria la Raisin, qui regardait
autour d'elle avec inquiétude. Est-ce que
le feu est à la maison ?

— Le feu ? repartit Louise, ne compre-

nant pas à son tour l'inquiétude que manifestait la comédienne.

— Où la peste, peut-être ?

— La peste ?... Je compte sur vous, reprit-elle avec l'accent de la prière, je
compte sur vous pour m'aider à retourner
à Paris !

— Je vous y accompagnerai de grand
cœur, ma chère, et je vous offre même de
venir y loger chez moi.

— Il faut donc trouver des chevaux et
un carrosse... Nous sommes bien loin de
Paris, n'est-ce pas, madame ?

— A quinze ou seize lieues, je crois ;
car on ne fait pas le voyage de Fontainebleau en moins de sept heures... Mais,
vous n'avez pas l'idée de partir par la
nuit noire et de vous perdre, comme je
m'étais perdue dans la forêt ?

— J'aime mieux passer la nuit dans la
forêt, par le froid et la pluie, que de la
passer dans cette maison !

— Eh ! bon Dieu ! que vous a fait tout
à coup cette maison, ma pauvre demoiselle ? On voit bien que vous ne savez pas
ce que c'est que d'être la nuit dans une
forêt ! Je ne vous conseille pas de l'essayer,
par ma foi ! Mais, enfin, quelle mouche

vous pique, et qu'est-ce que cette fantaisie de coucher à la belle étoile avec les loups? Tenez, maintenant que j'ai failli mourir de frayeur au milieu des bois, je préférerais tout à ce silence, à cette solitude, à ces ténèbres, oui, morgué, je redouterais moins la prison du For-l'Évêque!

— Et moi, plutôt que de demeurer encore ici, j'accepterais volontiers, la plus horrible prison en échange!

— Vous n'avez pas le choix, par bonheur, du moins, quant à présent, et vous attendrez, j'espère, qu'il fasse jour.

— Attendre! dit-elle avec de nouvelles

larmes. Attendre lorsqu'on a été trompée,
outragée, déshonorée !

— Encore un coup, de quoi s'agit-il,
ma chère demoiselle? reprit Fanchon en
lui tenant les mains dans les siennes. Que
diriez-vous donc, si vous vous voyiez,
comme moi, victime d'une lâche et abominable cabale? si vous aviez été, comme
moi, sifflée, injuriée, moquée, vilipendée,
charivarisée et quasi fustigée en plein
théâtre? Mais ça, je n'en saurais plus douter, vous êtes amoureuse !

— Je suis bien malheureuse! voilà tout!
murmurait Louise à travers des sanglots
étouffés.

— Que vous soyez malheureuse, je ne le nie pas, puisque vous aimez! On vous a donc trahie, abandonnée?

— Ah! madame! s'écria mademoiselle de Chantemerle, qui eut recours à un mensonge pour échapper à un aveu ; les pleurs que je verse ont une cause plus réelle et plus respectable : je suis extrêmement en peine de mon père...

— Votre père, ma chère demoiselle? répliqua la Raisin avec une expression de tendre intérêt: que craignez-vous pour lui?

— Je crains... je crains qu'il ne tombe

à la merci de ses ennemis ! dit-elle, en regrettant d'en avoir trop dit déjà.

— Parlez-moi tout franc, ne me cachez
rien, et je pourrai certainement vous prê-
ter un peu d'aide. Ne vous ai-je pas fait entendre que le Dauphin n'avait rien à me
refuser, et qu'il s'emploiera toujours au
service des personnes que je lui recom-
manderai ?

— Non, non... repartit Louise embar-
rassée... Je n'accepte pas les bons offices
que vous m'offrez, je ne veux pas que
vous dépensiez votre crédit à mon avantage... Aussi bien, avez-vous besoin de conserver ce crédit pour vous-même...

— Vous entendez, sans doute, me rappeler par là cette avanie qu'on m'a faite hier ? Le Dauphin, soyez-en sûr, ne me laissera pas opprimer par la cabale des mousquetaires, sans se venger de **M.** de Vermandois !...

— Qu'est-ce à dire de **M.** le comte de Vermandois ? interrompit mademoiselle de Chantemerle, surprise et interdite.

— Ne vous ai-je pas conté comment les mousquetaires du roi m'avaient indignement traitée, à l'occasion de mon mariage avec Raisin ?

— Je ne sais rien de cette affaire, répliqua Louise, et je vous prie de m'apprendre seulement ce qui touche M. le comte de Vermandois.

— Oh! ce n'est rien autre qu'une noire méchanceté de ce bâtard qui, par haine contre monseigneur, dont je suis la bonne amie, s'est amusé à me faire donner un furieux charivari le jour de mes noces.

— Et quand a-t-il commis cette méchanceté, madame? dit froidement mademoiselle de Chantemerle, prête à défendre le prince, avant de savoir s'il était justement accusé.

— Mais, comme je vous l'ai dit hier

même, à la représentation de *la Comédie
sans titre*, de M. Boursault.

— Hier? c'est-à-dire samedi. Vous dites
que M. le comte de Vermandois est l'auteur de la cabale du théâtre?

— Lui-même, et je lui en garde une
rancune qui le poursuivra jusqu'aux enfers.

— Ne lui en gardez pas rancune et ne
le croyez pas capable d'une si mauvaise
action, madame...

— Il ne mérite pas, le vilain, que vous
cherchiez à l'en excuser. Encouragez-moi
plutôt à le bien haïr?

— Vous ne le haïrez pas, madame, car il est certainement tout à fait étranger à ce dont vous vous plaignez.

— Vous avez tort de le défendre, je vous assure ; c'est un méchant prince, si beau qu'il soit !...

— Mais il ne vous connaît pas, madame ? interrompit Louise, cédant à un mouvement de jalousie.

— Il ne me connaît pas, il est vrai, comme me connaît le Dauphin, mais il me connaît comme tous ceux qui m'ont vue au théâtre, et même il doit se souvenir de m'avoir vue une fois hors de la Comédie.

— Il vous a vue, dites-vous, hors de la Comédie? s'écria mademoiselle de Chantemerle, dont la jalousie prenait feu.

— Une seule fois, dans la forêt de Fontainebleau, où j'accompagnai le Dauphin à la chasse au loup.

— Et vous a-t-il parlé, madame? S'est-il, en cette circonstance, seulement préoccupé de vous?

— Il m'a regardée de manière à me prouver qu'il serait bien aise de me revoir seul à seule.

— Oh! ne le pensez pas, madame! répliqua Louise avec émotion ; il ne songeait pas même à vous, je vous jure.

— Qui vous l'a dit ? repartit Fanchon en éclatant de rire. En vérité, vous semblez être bien intéressée à ce que M. de Vermandois ne me connaisse pas, ne me parle pas, ne me regarde pas !...

— C'est que vous êtes dans une étrange erreur à son égard ! répondit mademoiselle de Chantemerle, qui ne s'imposait plus de réserve dans la défense de son amant, quoiqu'elle se fût promis, à part elle, de ne lui jamais pardonner. M. le comte de Vermandois est bien complétement innocent des faits que vous lui imputez ; il n'a pas suscité de cabale contre vous ; il n'a point fait agir dans cette occasion les mousquetaires du roi ; il n'a pas lâchement conspiré contre une comédienne, pour donner satisfaction, dites-vous, à sa haine contre M. le Dauphin... Non, vous dis-je ! ajouta-t-elle en l'empêchant de persister dans une accusation aussi fausse que ridicule : M. de Vermandois n'a rien à voir ni rien à faire dans ces intrigues et dans ces ignominies ; M. de Vermandois est un noble prince, plein d'honneur et de chevalerie, incapable d'une bassesse...

— Et la preuve ! la preuve ! interrompit la Raisin en riant, la preuve, c'est que vous l'aimez et qu'il vous aime ?

— Je n'oserais pas dire qu'il m'aimât! dit Louise à voix basse, avec un soupir profond.

— Dites-le, ma chère, et permettez-moi de le dire aussi... Vous l'avez bravement défendu, et j'eusse voulu qu'il fût là.

— Je ne souffre pas qu'on calomnie qui que ce soit en ma présence!... Ainsi, samedi je l'ai vu, dans l'après-dînée...

— A l'heure même où ces coquins de mousquetaires me tympanisaient de belle sorte!

— Il s'en est venu me faire ses adieux et il est parti aussitôt pour l'armée! cela,

ce me semble, ne va guère avec une cabale
de théâtre et un charivari de mousquetaires.

— Bien ! à merveille ! Avouez donc, ma
mignonne ! M. de Vermandois a gagné sa
cause du moment que vous le défendez
ainsi.

— Ne riez pas, madame, je vous en conjure ! reprit Louise, dont la voix s'embar-
rassait de sanglots. Je suis dans de nouvelles alarmes ; M. de Vermandois est parti
pour l'armée, et mon père est condamné à
mort !

— Condamné à mort ! Morgué, ceci ne

badine plus!... Mais je ne vous laisserai pas en pareil souci sans essayer de vous tirer de là. Nous sommes deux amies, ma chère, quoique je ne sache pas encore votre nom. Il faut aviser au plus pressé ; je vais écrire au Dauphin, pour qu'il s'applique d'abord à sauver votre père ; je lui dirai que, s'il ne s'acquitte pas vite et bien de la commission que je lui confie, il peut aller se faire Dauphin en Chine ou dans la lune ; je le menacerai de mes grandes colères, en un mot, je le forcerai, bon gré, malgré, à nous donner la grâce de votre père. Mais vous ne m'avez pas dit quel est le sujet de la condamnation ? Votre père ne peut être qu'un honnête homme, qui aura commis quelque peccadille, quelque crime d'État...

— Mon père est un gentilhomme du Dauphiné qui, appartenant à la religion réformée, a dû ne pas rester neutre vis-à-vis de ses frères qu'on persécutait : il est donc accusé d'avoir pris les armes pendant les troubles du mois de juillet.

— L'affaire est plus grave qu'il ne faut!... Ces protestants ont la rage de chanter des psaumes et de prêcher l'hérésie!..... Au reste, c'est à leurs risques et périls. Mais le roi ne veut plus entendre parler d'indulgence. Son Altesse me disait, l'autre soir, que tous les huguenots de France seraient convertis de gré ou de force, avant Pâques... Mais le nom de votre père, dites-le ?

— Le comte de Chantemerle ! dit Louise

avec dignité, en se croyant tenue haute-
ment d'avouer son père et sa religion.

— Le comte de Chantemerle? répéta la
Raisin, dans la mémoire de qui ce nom-là
éveillait des souvenirs vagues, qui se rat-
tachèrent bientôt à un épisode du souper
de la nuit précédente. Un gentilhomme
protestant, dites-vous? Il n'a été mis en
état d'arrestation qu'hier matin.

— D'où savez-vous cela? s'écria mademoiselle de Chantemerle avec tant d'im-
pétuosité, que la comédienne n'eut pas le
temps de reculer et de chercher un faux-
fuyant. Parlez, reprit-elle d'un air et d'un
accent presque impérieux, parlez donc !

— Que vous dirai-je ? répliqua Fanchon, ne voulant pas faire un aveu complet à son préjudice. Je sais, de science certaine, que M. le comte de Chantemerle a été, hier matin même, découvert et saisi dans le château de Fontainebleau...

— Dans le château de Fontainebleau ! murmura Louise, qui se rappelait tout à coup, comme un trait de lumière, certaines communications, relatives à son père, que lui avait faites le comte de Vermandois.

— Et même, s'il faut confesser toute la vérité, je me reproche d'avoir contribué peut-être à cette arrestation...

— Vous, madame! interrompit Louise, qui ne fut pas maîtresse d'un sentiment d'indignation, que tempérèrent aussitôt les regrets exprimés avec franchise par la comédienne. C'est vous qui avez fait arrêter mon père?

— Dieu m'en garde! j'ignorais, je vous jure, quel il était, alors qu'on l'arrêta en même temps qu'un ministre de la religion prétendue réformée, appelé Corneille... Oui, Jérémie Corneille...

— C'est Cornouaille, sans doute... Ah! madame, quel affreux malheur! mon pauvre père arrêté et condamné à mort!

— Ils étaient tous deux cachés dans le

château, lorsqu'un exempt du lieutenant
de police est venu les prendre...

— Et ce déplorable événement a eu lieu
hier matin, dites-vous?

— Ce n'est pas moi, c'est le chevalier
de Lorraine qui a conseillé à l'exempt de
faire cette capture... Vous me pardonnerez, ma chère demoiselle, car je ne vous
connaissais point, et ces deux pauvres
gens n'étaient, à mes yeux, que d'insup-
portables chanteurs de psaumes héréti-
ques.

— Mais, puisqu'ils sont arrêtés, où les
a-t-on conduits? Dans la prison du château ou de la ville?

— Hélas! non certainement! Le sergent, qui avait contre eux un mandat d'amener, les a fait sortir du château pour les transporter à Paris, où ils doivent être, m'a-t-on dit, enfermés à la Bastille.

— Eh bien! c'est à Paris qu'il faut aller, comme j'en avais le pressentiment : c'est de la Bastille qu'il faut tirer les deux prisonniers... Comment Louis a-t-il le cœur de me quitter dans de pareilles angoisses?

— Nous irons à Paris, où j'ai des amis puissants, qui sont en posture de vous servir en cette affaire...

— Je voulais tout à l'heure partir au

moment même! répliqua en gémissant
mademoiselle de Chantemerle. Il semblait
que je pressentisse la terrible vérité!...
Mon père incarcéré à la Bastille, sous le
poids d'une condamnation capitale !

Thérèse, qui se tenait aux environs de
la salle sans oser entrer, et qui venait
quelquefois écouter à la porte pour savoir
si sa maîtresse n'avait pas besoin d'elle,
entendit les derniers mots prononcés par
mademoiselle de Chantemerle avec une
voix lamentable.

Elle ne balança plus à ouvrir la porte,
et elle parut, pâle, troublée, tremblante,
devant les yeux de Louise.

— Thérèse, nous allons partir pour Paris! lui dit mademoiselle de Chantemerle d'un air résolu et d'un ton d'autorité.

— Vous attendrez bien qu'il soit jour? répondit la Raisin qui crut interpréter le silence et l'embarras de Thérèse.

— Attendre! disait mademoiselle de Chantemerle, se parlant à elle-même : chaque minute est un siècle, et peut renfermer la mort de mon père!

— Je vous suivrai partout, chère demoiselle, reprit Fanchon, et vous aiderai de tout mon pouvoir dans vos traverses. Mais, pour Dieu! ne faites pas la folie de nous égarer en pleine nuit dans les bois?

— Ce n'est pas tout, mademoiselle, dit Thérèse qui manifestait une répugnance visible à partir en l'absence de Moufle : un voyage de Fontainebleau à Paris, en poste ou en carrosse de louage, c'est une grosse dépense...

— Qu'à cela ne tienne ! reprit vivement la Raisin : j'ai la poche bien garnie, et, une fois arrivées, l'argent ne nous manquera plus, vous fallût-il quelques centaines de louis.

— Mais, mademoiselle ! objecta encore Thérèse qui ne songeait qu'à faire naître des obstacles, au lieu d'aplanir ceux qui existaient, quand nous serons à Paris, en quel endroit irons-nous loger ?

— Bon ! répliqua la Raisin, n'est-ce pas chose convenue que cette chère demoiselle viendra loger chez moi ?

— Mais, mademoiselle, dit Thérèse, qui avait à cœur de remplir la double promesse qu'elle avait faite au comte de Vermandois et à Moufle : n'avez-vous pas promis à M. Louis Breton...

— Il n'y a plus de Louis Breton ! interrompit mademoiselle de Chantemerle, en lui jetant un coup d'œil sévère et glacé.

— Mais, mademoiselle, n'est-il pas plus sage d'attendre M. Moufle, qui est justement à Paris pour cette affaire?...

— Vous resterez, Thérèse, si telle est votre envie; je ne vous oblige nullement à m'accompagner; moi, je pars!

— Je vous accompagnerais au bout du monde! vous n'en doutez pas, mademoiselle, mais...

— J'accepte vos offres de service, dit Louise à la comédienne en l'embrassant. Vous m'inspirez de la confiance et de l'amitié; vous êtes bonne, vous semblez sensible à mes douleurs, vous me plaignez, et vous ne me trahirez pas!

— Nous serons comme deux sœurs! Appelez-moi Fanchon, et dites-moi comment on vous nomme?

— Louise! répondit à voix basse mademoiselle de Chantemerle, en regardant à la dérobée Thérèse qui se détournait en s'essuyant les yeux.

— Ma belle Louise! s'écria la Raisin avec un élan de sympathie, dans lequel la comédienne s'était trop pressée de reparaître. Je vous apprendrai de beaux tours et d'ingénieuses manœuvres pour garder sous le joug votre comte de Vermandois.

— Tu viendras aussi avec nous, ma bonne Thérèse, dit mademoiselle de Chantemerle, affectant de n'avoir point entendu le malencontreux propos de la Raisin, et attirant doucement dans ses bras sa compagne d'enfance.

— J'eusse préféré ne pas bouger d'ici tant que M. Moufle ne serait pas de retour, reprit Thérèse avec attendrissement ; mais, dès que vous ordonnez, Louise, je n'ai plus rien à faire qu'à vous obéir aveuglément, sans hésitation et sans regret... Je suis prête à partir !...

— Ne souperez-vous pas, ne dormirez-vous pas, Louise, avant que de vous mettre en route ? lui demandait Fanchon, en regardant sa montre d'or guillochée, enrichie de pierreries. Il y a encore quatre heures de nuit...

— Quatre heures ! dit-elle en poussant un soupir. Dormez, vous, madame, moi, je veillerai avec Thérèse, en priant et en gémissant !... Vous feriez de même, sans doute, si vous aviez, comme moi, l'inquiétude de perdre votre père...

— Et surtout, ma mie, répliqua lestement la Raisin, si, comme vous, je m'étais ensorcelée de folle passion pour un prince du sang !

III

Le soufflet.

Six heures sonnaient au dôme du Val-
de-Grâce, quand le comte de Vermandois,
enveloppé dans les plis d'un manteau militaire en gros drap bleu, bordé d'un large
galon d'or, descendit de cheval, à la pe-

tite entrée du grand couvent des Carmélites de la rue Saint-Jacques.

Cette entrée existe encore à l'extrémité
d'un impasse qui s'ouvre vis-à-vis de la
rue des Marionnettes, aujourd'hui suppri-
mée, conduisant à la rue de l'Arbalète, et
longeant la clôture septentrionale du Val-
de-Grâce.

Le couvent, avec ses vastes bâtiments et
sa magnifique église, construits, décorés
et enrichis par la munificence de la reine
Marie de Médicis, s'est conservé jusqu'à
nos jours dans l'état où il était à cette
époque, et les Carmélites, que la Révolu-
tion avait dépossédées de leur maison-

chef d'ordre, y sont rentrées après un exil de quarante années, sous les auspices du nom respecté de la duchesse de La Vallière, qui n'a pas même une tombe dans l'ancien cimetière de la communauté.

Le prince n'était accompagné de personne.

Il attacha de sa propre main la bride de son cheval au marteau de la porte, après avoir heurté en maître, et il n'attendit pas sans impatience qu'on vînt l'introduire.

La porte resta close, mais on entr'ouvrit le volet qui fermait un judas pratiqué

dans cette porte, et à travers le grillage,
la vieille tourière put, au reflet d'une
chandelle allumée qu'elle élevait devant
ses yeux clignotants, se rendre compte de
l'espèce de visiteur qui se présentait à
cette heure indue de la soirée, car il faisait déjà nuit.

— Retirez-vous, monsieur ! lui dit-elle,
en s'apprêtant à refermer son volet : vous
vous méprenez évidemment en vous adressant ici, car cette maison est le grand couvent des religieuses carmélites de l'ordre
de la bienheureuse sainte Thérèse.

— C'est justement ici que j'ai affaire,
ma sœur, répondit le prince, et je vous

prie de vouloir bien me faire conduire auprès d'une de vos sœurs qu'on nomme en religion sœur Louise de la Miséricorde.

— Ce que vous demandez, monsieur, est absolument impossible, à moins que vous ne soyez muni d'une dispense de monseigneur l'archevêque de Paris ou d'une bulle de notre saint-père le pape, ou d'une autorisation de madame la supérieure...

— Ce que je demande, ma sœur, vous paraîtra tout naturel et très facile, lorsque je vous aurai dit qui je suis...

— Fussiez-vous, monsieur, le roi en

personne, la règle de notre ordre ne me permettrait pas de vous ouvrir la porte.

— Je ne suis pas le roi, mais il ne s'en faut pas de beaucoup, car je suis son fils, prince du sang de France, comte de Vermandois...

— Si vous êtes le fils du roi, comme vous le dites, monsieur, vous respecterez les lois de notre institution, répondit la religieuse qui ne soupçonnait pas quels liens du sang unissaient le comte de Vermandois à sœur Louise de la Miséricorde, et qui ne savait peut-être pas que cette dernière n'était autre que la duchesse de La Vallière.

— Eh ! ma sœur, vous n'avez pas trop
l'air de vouloir déférer aux ordres du roi !
Mais vous comprendrez mieux le droit que
j'ai de voir cette pieuse et vénérable personne, quand vous connaîtrez qu'elle est
ma propre mère.

— Sœur Louise de la Miséricorde ! s'é-
cria la vieille qui faillit s'évanouir de surprise, et qui se mit en garde contre les
embûches du démon, par une multitude
de signes de croix. Vous raillez sans doute
et prétendez abuser de ma crédulité en
jetant cette pierre de scandale dans la
maison du Seigneur... Retirez - vous, je
vous en conjure...

— Le scandale viendrait de vous seule,

qui me forceriez à réclamer avec plus d'é-
clat le droit de voir ma mère.

— Tout ce que je puis faire, c'est d'aller
rapporter la chose telle qu'elle est à madame la supérieure qui décidera.

— Dites-lui seulement, je vous prie, que
M. le comte de Vermandois, partant pour
l'armée, a passé par Paris avec l'agrément
de Sa Majesté, afin de saluer madame la
duchesse de La Vallière.

La soirée était froide et humide ; une
rosée pénétrante flottait dans l'atmosphère
et commençait à se résoudre en pluie. Le
comte de Vermandois n'y avait pas pris

garde ; mais la tourière s'en était aperçue en traversant une cour intérieure. Elle revint sur ses pas, par un sentiment qui n'était pas seulement de la charité chrétienne.

— Vous ne pouvez, monsieur le prince, dit-elle en r'ouvrant la chatière de la porte, rester ainsi en plein air par le temps qu'il fait. Vous plairait-il mieux d'entrer dans notre église et d'y attendre que je vous rapporte la réponse de notre mère supérieure ?

— J'entrerai volontiers, ne fût-ce que pour faire une prière à Dieu. Mais cependant qui gardera mon cheval ?

— Il est singulier, répliqua la tourière
en se parlant à elle-même, qu'un prince,
fils du roi, n'ait pas même un valet à sa
suite !

— Je ne voudrais pas pour beaucoup
qu'on me volât mon cheval, car je dois
être bien loin d'ici dans quelques heures.

— Je vais donc vous faire entrer dans
l'église, monsieur ; après quoi, j'irai remplir votre commission, dont je n'espère
rien, je l'avoue.

— Ne pourriez-vous pas, au lieu de déranger la supérieure, avertir tout bas
sœur Louise de la Miséricorde ?

— Eh ! que lui dirai-je, s'il vous plaît, de votre part, monsieur le prince ?

— Que son fils est là qui vient l'embrasser, peut-être pour la dernière fois, et recevoir sa bénédiction !

La sœur tourière disparut, et peu d'instants après, elle introduisit le prince par une porte latérale dans l'église du couvent.

Cette église, à laquelle le public arrivait ordinairement par l'impasse des Carmélites, n'était fermée et solitaire ce soir-là, qu'en raison de l'heure avancée ; car elle se trouvait toujours ouverte pendant les offices que les personnes pieuses du quartier y allaient entendre, comme si le voisinage des saintes femmes, pour qui cette église était desservie, devait avoir une influence édifiante sur les dévotions qu'on y faisait de préférence.

Le comte de Vermandois avait laissé son cheval dans la rue, avec toute l'imprudence d'un prince qui ne prévoit rien, parce que la prévision fait partie du service de ses officiers et de ses domestiques.

Il était d'ailleurs impatient de revoir sa mère, et il croyait se rapprocher d'elle en pénétrant dans l'église du couvent qu'elle habitait.

La tourière s'etait éloignée comme une ombre qui s'évanouit.

Le prince restait seul dans la nef, environné de ténèbres et de silence.

Quelques lampes, allumées devant des reliquaires et des images de sainteté, jetaient çà et là, au sein de l'obscurité opaque, de vagues et tremblantes lueurs qui ne permettaient pas de distinguer les objets ni les admirables fresques de Philippe de Champaigne, lequel avait décoré la grande voûte, ni les précieuses sculptures de Flamen et de Sarrazin qu'on y voyait se dresser de tous côtés, ni les tableaux du Guide, de Stella, de La Hire et des meilleurs peintres, qu'on y avait étalés comme dans un musée.

Le comte de Vermandois, il est vrai, ne

songeait point à faire connaissance avec les œuvres d'art de cette église.

Une clarté plus vive que les autres le conduisit dans la chapelle de la Madeleine, où trois cierges brûlaient nuit et jour devant la statue du cardinal de Bérulle, instituteur de la congrégation de l'Oratoire et introducteur des Carmélites en France.

Les regards du prince se portèrent d'abord sur un morceau de Lebrun, représentant la Madeleine repentante, tableau dans lequel l'artiste avait peint la sainte sous les traits de la duchesse de La Vallière, et que celle-ci avait donné à l'église de son couvent en signe de pénitence et de repentir.

Le comte de Vermandois avait reconnu sa mère.

Il se sentit d'abord honteux et indigné, en voyant la ressemblance que le peintre avait osé chercher; mais, quand il considéra cette belle figure de sainte absorbée dans la douleur et pleurant ses péchés en face d'une tête de mort, il éprouva une émotion involontaire, inexprimable; ses yeux se mouillèrent.

Il s'agenouilla lentement sur le pavé de marbre, vis-à-vis de ce tableau magique où il croyait voir s'animer par degrés, sous l'auréole d'une sainte, la tête sublime et mélancolique de sa mère.

Il ne pouvait détacher ses regards de cette divine apparition, et, dans son extase filiale, il croyait entendre cette douce voix qui avait naguère frappé ses oreilles et retenti dans son cœur, lorsqu'il gisait mourant sur son lit d'agonie.

Il versait des larmes muettes et il se livrait à l'espérance de retrouver encore une fois sa mère.

La pensée de mademoiselle de Chante-merle se mêlait aussi à cette pieuse évocation.

Le jeune homme se disait qu'il n'avait plus ici-bas qu'une seule voie, qu'un seul but de bonheur : c'était l'amour ! cet amour chaste et pur qui embrasait son âme comme celle de Louise.

Orphelin, déshérité, il ne regrettait pas les enivrements de l'ambition et de l'orgueil ; il n'enviait pas l'éclat de la couronne ; il renonçait volontiers aux droits de sa naissance et aux priviléges de son rang, pourvu qu'il associât sa destinée à celle de mademoiselle de Chantemerle.

Car il se voyait seul sur la terre, abandonné et même repoussé par son père, entouré d'ennemis et de complots, méconnu et calomnié de toutes parts, protégé à peine par les vœux et les prières de sa mère, qui s'était toute réfugiée en Dieu pour échapper aux tortures de la vie du monde.

— Et moi aussi, se disait-il avec exaltation, et moi aussi, je quitterai volontiers la cour et ses amères vanités, pour me cacher, non pas en un cloître, non pas au fond d'une tombe anticipée, mais dans les délices d'une union parfaite, dans les félicités intimes du foyer domestique!... Louise! ma Louise! tu me tiendras lieu de famille, de richesses, de couronne, de tout !

Soudain, un léger bruit se fit entendre dans le haut de la nef : le frôlement d'une étoffe de laine sur le plancher accompagnait une respiration pénible et entrecoupée.

Le comte de Vermandois tressaillit de tout son corps.

Il sortit précipitamment de la chapelle, en renversant un banc, dont la chute retentit longtemps avec fracas dans l'église.

La grande tribune grillée, dans laquelle les religieuses assistaient au sermon sans être vues, venait de s'éclairer d'une lumière pâle et vacillante, au milieu de laquelle on apercevait vaguement une forme humaine, immobile derrière les grillages.

Le prince comprit que ce fantôme pouvait être sa mère.

Il leva ses bras vers elle, il l'appela en sanglotant.

Des sanglots répondirent aux siens, et une voix gémissante lui cria : *Louis, adieu pour toujours!*

Puis la lumière s'éteignit, les pas s'éloignèrent, et tout rentra dans le silence le plus profond.

La tourière, un flambeau à la main, s'avança tout à coup vers le comte de Vermandois qui demeurait anéanti, foudroyé,

les bras étendus, les joues sillonnées de
larmes.

— Monsieur le prince ! lui dit la vieille
religieuse, avec un air de compassion qui
semblait, pour la première fois, se refléter
sur sa physionomie sèche et glacée. Notre
mère supérieure vous prie d'agréer ses
excuses et ses regrets ; mais la règle est
formelle, et doit être conservée. Vous ne
sauriez être admis dans l'intérieur du
couvent, et Sœur de la Miséricorde ne peut
en sortir, sans une dispense de monseigneur l'archevêque de Paris.

—Madame la supérieure n'a sans doute
jamais eu de fils ! reprit amèrement le

comte de Vermandois, qui ne se résignait point à partir sans avoir vu sa mère.

— Notre Sœur Louise de la Miséricorde, ajouta la tourière, vous enjoint de ne pas insister contre la règle du couvent ; elle vous prie de vous retirer, et elle promet de ne pas vous oublier dans ses prières.

A cette injonction, le prince ne répondit que par le respect et l'obéissance.

Il s'inclina sans prononcer une parole, alla jeter une poignée de louis dans le tronc des pauvres, et sortit de l'église à contre-cœur, non sans lever encore les yeux vers la tribune où sa mère s'était montrée à lui.

Le bruit de la porte qui se refermait doucement éveilla un douloureux écho dans son cœur.

Il demeura quelques instants à la même place, indécis et troublé, comme au sortir d'un songe pénible.

Ce fut avec le souvenir de mademoiselle de Chantemerle qu'il se réveilla, pour ainsi dire, et qu'il se retrouva dans la vie réelle.

Il n'avait pu voir sa mère : il songea sur-le-champ à revoir encore une fois son amante.

Mais il avait seize lieues à faire, et il se

mit en quête de sa monture, qu'il avait
laissée à la porte du couvent. Elle n'y
était plus ; quelque vagabond, quelque dé-
trousseur de passants, ayant aperçu sans
doute un cheval abandonné, sans maître
et sans gardien, s'était emparé de la bête
et l'avait emmenée pour la vendre à un
maquignon.

Le comte de Vermandois ne se fût pas
tant chagriné de la perte de son cheval,
malgré la valeur considérable de ce magnifique genet d'Espagne, si on lui avait
laissé en échange un roussin poussif et
fourbu, avec lequel il aurait pu se mettre
en route ; mais il était seul, à pied, dans
un faubourg isolé, qu'il ne connaissait
pas.

Il regretta vivement d'avoir congédié les deux laquais, avec lesquels il avait fait le voyage de Versailles à Paris.

Mais comme il ne pouvait espérer de trouver un autre cheval au couvent des Carmélites, il s'empressa de s'éloigner et de chercher quelqu'un qui pût lui servir de guide.

Les rues étaient désertes et obscures, sans autre éclairage que des lanternes fumeuses, à la porte des cabarets, des hôtelleries et des pâtissiers oublieux.

Il pleuvait à torrents, et les ruisseaux fangeux avaient envahi les bas côtés de la chaussée, qui commençait à montrer çà et là ses pavés inégaux et enfoncés dans la boue.

Il était impossible de marcher à pied sec et d'échapper aux éclaboussures.

Le prince fut en peu d'instants mouillé jusqu'aux os, crotté jusqu'à l'échine.

Il n'y prenait pas garde ; il ne pensait qu'à trouver un moyen de partir pour Fontainebleau.

Les gens qu'il arrêta dans la rue pour leur demander un renseignement ou un peu d'assistance, ne comprirent rien à ses questions et crurent qu'il était fou ; les uns lui tournèrent le dos, les autres lui dirent des injures.

Il demandait son chemin à tout le monde, et n'était pas plus avancé qu'auparavant, quand il avait obtenu une réponse ; car il ne connaissait pas plus Paris que ses faubourgs, et il ne s'était jamais vu seul au milieu de la capitale.

Les questions qu'il adressait aux passants étaient vagues et incohérentes ; il ne savait pas lui-même quel parti prendre, et il se gardait bien de dire qui il était ; il demandait seulement qu'on lui procurât un cheval ou un carrosse, à quelque prix que ce fût.

Enfin, un portefaix, alléché par le désir de gagner quelque argent, prêta l'oreille aux pressantes sollicitations du prince, qu'il prenait pour un étranger de distinction, et promit de lui amener bientôt un carrosse de louage, à condition que les arrhes seraient payées sur l'heure entre ses mains.

Le comte de Vermandois lui donna trois louis.

La vue de l'or produisit sur cet intermédiaire intéressé un effet contraire à celui qu'on pouvait en attendre. Le portefaix n'eut plus d'autre idée que d'inventer des retards et des difficultés, afin de vider la bourse du généreux inconnu.

Le prince attendit, sous le porche de l'église de Saint-Jacques-du-Haut-Pas, une voiture qu'on ne se hâtait pas de lui fournir.

Le portefaix avait l'air de se donner beaucoup de mouvement, de courir à droite et à gauche, de frapper aux portes des maisons, et de s'informer de l'adresse d'un loueur de voitures; il revenait toujours au prince, pour l'inviter à patienter.

Il tira encore, sous différents prétextes, quatre ou cinq louis de la poche de sa dupe, et comme le prince, poussé à bout, menaçait de s'en aller après lui avoir coupé les oreilles, il finit par lui amener

une de ces chaises roulantes que le marquis de Crenant avait inventées, et qui
furent le premier essai des voitures publi-
ques dans Paris.

Il eut soin, de concert avec le cocher,
de rançonner encore le malheureux jeune
homme, qui se voyait sur le point de
passer la nuit dans la rue.

Ce ne fut qu'à force de promesses et de
menaces que le cocher consentit à sortir
du faubourg Saint-Jacques, sans savoir
où on le menait ainsi hors de Paris.

La petite voiture, pouvant contenir
deux personnes, et attelée d'un seul che-

val, roulait en cahotant sur la grande route, sillonnée d'ornières profondes et semée de mares d'eau boueuse.

Le ciel était sombre, la campagne ténébreuse, l'air humide ; il pleuvait toujours.

Le comte de Vermandois, à chaque pas du cheval, à chaque tour de roue, calculait combien de lieues et combien d'heures le séparaient encore de Fontainebleau.

— Par Dieu ! criait-il au cocher, ne ménage pas ton cheval, et pousse-le davantage, dût-il en crever !

— Crever ma bête ! répondit le co-

cher, retenant son attelage au lieu de le
lancer en avant ; çà, qu'est-ce qui me la
paiera ?

— Je te paie tout d'avance, cheval et
voiture, si tu veux ; mais dépêche, bour-
reau... Il faut que j'arrive cette nuit !

— Arriver cette nuit ! reprit le cocher
qui arrêtait tout à coup son cheval. Où
diantre voulez-vous arriver ?

— Eh bien ! maraud ! s'écria le prince,
ton cheval, ta voiture et toi, êtes-vous
tous ensemble ensorcelés ? Nous ne bou-
geons plus.

— Il faut que je rentre chez mon maître,

monsieur, et je n'entends pas que vous me meniez de la sorte au diable vert.

— Drôle! ne t'ai-je pas dit que nous allions à Fontainebleau? Fouette donc ta bête, et tu ne te plaindras pas de moi.

— A Fontainebleau! répétait le cocher ébahi et désolé! Que saint Fiacre nous protége! N'est-ce pas le diable en personne que j'ai pris dans ma chaise? ajoutait-il en se signant. A Fontainebleau! nous y arriverons l'an prochain!

— Si tu ne te presses pas de partir, si tu ne crèves pas ton cheval, triple bélître, j'ai là sous mon manteau une épée et des pistolets...

— Ah ! de grâce, monseigneur, puisque vous n'êtes pas le diable, seriez-vous donc un voleur ! Ayez pitié de moi, de ma voiture et de mon cheval ? Je m'en vais vous conduire à la première poste, et vous y trouverez, moyennant pécune, un carrosse plus digne de vous.

Le comte de Vermandois s'étonna de n'avoir pas songé plus tôt à employer la poste pour faire le voyage de Fontainebleau.

Il remercia de l'avis ce cocher, qui ne cherchait qu'une manière de le mettre encore à rançon.

La poste n'était pas éloignée, et le prince y arriva vers onze heures du soir.

Tout le monde dormait dans la maison, et avant que le maître fût éveillé, que les postillons fussent prêts, la chaise attelée, une demi — heure était encore passée.

Le prince paya tout ce qu'on lui demanda.

Il avait, par bonheur, la poche bien garnie, et il put ainsi, à chaque relai, satisfaire aux exigences croissantes des maîtres de poste, qui, le voyant sans suite, expliquaient son impatience et sa libéralité par le désir qu'il avait d'échapper à des poursuites de justice.

Son air et son costume annonçaient

à la fois un gentilhomme et un militaire. On eut bientôt imaginé que c'était un duel qui forçait ce militaire, ce gentilhomme à s'enfuir de la cour.

Le prince comptait les minutes ; mais le terme de son voyage semblait reculer devant lui : les routes étaient détestables, les voitures plus mauvaises encore ; chevaux et postillons paraissaient d'accord pour allonger le chemin.

Ce n'est qu'au lever du soleil que le voyageur mystérieux entra dans la forêt de Fontainebleau, du côté de Chailly.

Le comte de Vermandois avait ordonné

qu'on le conduisît au port de Valvins; mais quand il aperçut, à travers les arbres, le toit de la Madeleine, sur l'ardoise duquel brillait un reflet lumineux de l'aurore, il cria au postillon d'arrêter et de ne pas aller plus loin.

Le postillon obéit, et la chaise de poste fut remisée dans un chemin creux, où le prince devait venir la reprendre au bout d'une heure.

Il était descendu lestement de la voiture, et il s'acheminait d'un bon pas vers l'Ermitage, sans se préoccuper du désordre et du délabrement de ses habits mouillés, froissés, crottés.

Depuis son départ de Paris, il n'avait eu qu'une seule idée, qui renaissait sans cesse sous toutes les formes : il soupirait après la présence de mademoiselle de Chantemerle.

Cependant il s'était résigné à ne la voir que pendant quelques moments ; car son devoir lui commandait de ne pas tarder à rejoindre le maréchal d'Humières à l'armée de Flandre.

Son cœur battait ; une douce émotion s'emparait de lui ; ses yeux brillaient sous un voile de larmes à mesure qu'il approchait de cette maison, où il avait laissé ce qu'il avait de plus cher au monde.

Il regardait les fenêtres dans l'espoir
qu'une d'elles allait s'ouvrir, et qu'il y ver-
rait apparaître Louise ou du moins Thérèse, pour annoncer son arrivée.

Mais les fenêtres restaient toutes fermées ; un silence morne régnait dans la
maison, et il s'inquiéta de ce silence,
comme si l'heure matinale n'en était l'explication naturelle.

Quand son regard tomba sur la porte
de l'enclos, il remarqua que cette porte
était ouverte.

Il éprouva une angoisse indicible ; il
se passa la main sur les yeux pour s'as-

surer qu'il était bien éveillé, et qu'il n'a-
vait pas à se défendre contre une illusion
de l'enfer.

Il double le pas, il arrive.

La porte est ouverte en effet.

Il écoute avant d'entrer dans l'enclos.

Il n'entend que le battement de son
cœur, qui correspond à des bruits étranges qu'il croit distinguer dans le frémis-
sement des feuillages.

Que se passe-t-il à l'Ermitage?

Que s'y est-il passé?

Pourquoi cette porte ouverte?

Sont-ce des voleurs?

Sont-ce des exempts de police?

Louise, Thérèse, Moufle, quelqu'un des trois est donc sorti de la maison !

Il écoute encore, et quand il se décide à franchir le seuil, les bruits qu'il cherchait à s'expliquer redoublent et se caractérisent.

Les herbes s'agitent et deux vipères, à l'œil enflammé, s'élancent et disparaissent, l'une poursuivant l'autre, avec des sifflements aigus.

Le comte de Vermandois n'a pas même reculé pour éviter leur morsure.

Il continue sa marche sans hésiter, et il considère avec anxiété des empreintes de pas qui se croisent et se mêlent sur le sable humide.

Ce sont des pieds de femme ; il n'en saurait douter à la dimension de ces empreintes, parmi lesquelles il en voit une, très bien marquée, d'une excessive petitesse.

On dirait un pied d'enfant ; ce n'est pas assurément mademoiselle de Chantemerle ni sa compagne qui ont le pied aussi exigu.

Le prince cherche des pas d'homme, et il finit par en trouver que la présence de Moufle dans la maison permet de lui attribuer.

Mais le prince, qui s'effare davantage à chaque réflexion sinistre, à chaque indice suspect, ne pense déjà plus à Moufle.

Il est exclusivement préoccupé d'une attaque, d'une violence qui aurait été tentée contre les habitants de l'Ermitage.

C'est dans cette situation d'esprit, et sous l'impression de ces pressentiments funestes, qu'il pénètre dans l'intérieur de la maison.

La porte du rez-de-chaussée était également ouverte, et, dans la salle, la table mise, avec deux couverts, offrait les restes d'un souper ; la vaisselle d'argent n'avait pas été enlevée.

Ce n'étaient donc pas des voleurs qui avaient envahi l'Ermitage.

D'ailleurs, les portes ne présentaient aucune trace d'effraction. Les clés, au contraire, se trouvaient encore dans les serrures.

Alors le prince eut un tremblement convulsif ; sa respiration fut interrompue un moment ; il étouffait et ses yeux se noyaient de larmes.

Il appela impérieusement Moufle, puis, n'obtenant pas de réponse, il appela Thé-rèse.

Effrayé du silence au milieu duquel expirait sa voix , il appela Louise.

Il l'appela doucement, tristement, douloureusement.

L'écho seul répondait, l'écho qui, pour l'abuser d'une fause espérance, prenait çà et là des accents plaintifs et lamentables.

Le comte de Vermandois fit quelques pas vers ces voix fantastiques, qui n'étaient que la répercussion multiple de la sienne.

Il ne pouvait plus douter que la maison ne fût tout à fait déserte.

Cependant il commença, de chambre en chambre, une recherche minutieuse, en appelant toujours Louise, à travers des sanglots et des gémissements.

Il vint jusqu'à la chambre où couchait ordinairement mademoiselle de Chante-merle, et il vit avec terreur, avec désespoir, que le lit n'avait pas même été défait.

L'absence de Louise remontait donc à la veille.

En portant ses yeux autour de lui,

il aperçut au pied du lit un objet bril-
lant sur le tapis.

Il se baissa machinalement pour savoir
ce que c'était, et il ramassa un portrait,
celui du Dauphin.

Cette découverte imprévue lui fut comme
une illumination soudaine.

Il comprit, ou du moins il crut comprendre la cause de l'absence de Louise.

Ce portrait lui révéla, lui expliqua tout
ce que la jalousie venait de forger en un
moment.

Ce portrait était bien celui du Dauphin.

On eût vainement essayé de nier l'évidence.

Ce portrait se rencontrait non-seulement dans l'Ermitage, mais encore dans la chambre de Louise, au pied de son lit.

Le Dauphin avait donc été admis dans cette chambre, puisqu'il y avait laissé son portrait ; ou plutôt mademoiselle de Chantemerle possédait-elle ce portrait depuis longtemps, et le tenait-elle du Dauphin lui-même.

La conclusion de ces conjectures, toutes aussi désolantes l'une que l'autre, fut ceci :

Mademoiselle de Chantemerle avait été enlevée par le Dauphin ou l'avait suivi de bonne volonté.

Le comte de Vermandois, l'œil fixé sur ce portrait, qu'il avait à la main, se sentait défaillir.

Il s'appuya contre le chevet du lit, pour ne pas tomber raide sur le plancher.

Puis, la colère, le désespoir, la rage, lui redonnèrent des forces physiques et de l'énergie morale.

— C'est une trahison infâme! se dit-il en serrant le portrait à le briser entre ses doigts. Trahison des deux parts! Le Dauphin est plus coupable que Louise! Le Dauphin a imaginé, exécuté cet exécrable complot, pour me faire mourir de chagrin!... Oh! je ne mourrai pas avant de l'avoir accablé de mon mépris et de mes malédictions!... Le misérable! je n'avais au monde que le cœur de Louise pour y reposer le mien! J'avais le bonheur de me croire aimé et d'aimer véritablement... Il m'a tout ravi, le monstre! il a brisé l'avenir que je m'étais fait, loin des soucis de la grandeur, loin des illusions de la fortune!... Ah! c'est le plus grand des crimes, que d'empoisonner la vie d'un honnête homme, en lui ôtant son amour, en le condamnant à la déception et à l'isolement!... Déjà je n'avais plus de frère! J'ai

maintenant un ennemi, un ennemi irré-
conciliable, dont j'aurai le sang ou qui
aura le mien!... Louise! ingrate, perfide
Louise!

Le comte de Vermandois était en proie
à un délire qui changeait à la fois ses
idées, ses sentiments, ses croyances, ses
projets, sa nature et son caractère.

Chaque fois qu'il regardait ce portrait,
il éprouvait un nouvel accès de fureur; il
s'arrachait les cheveux, il se meurtrissait
la face, il grinçait des dents, il pleurait,
il suppliait ou menaçait.

Tout à coup il parut se calmer un peu ;

il essuya ses larmes, finit ses lamentations
et quitta la chambre de Louise, emportant
avec lui le portrait qu'il avait caché dans
sa poche.

— C'en est fait! se disait-il, en se hâtant
de sortir de l'Ermitage : je n'aime plus!
je n'aimerai jamais! Avoir été trompé avec
tant d'audace, tant de scélératesse? Sans
doute les séductions n'ont pas fait défaut:
on a tout employé pour atteindre ce but
odieux. Qui sait? on m'aura calomnié,
diffamé!... car elle m'aimait, elle m'a
aimé, la malheureuse!... Et moi, mon
Dieu! je l'aimais par-dessus tout au monde!
je lui avais tout sacrifié!... je renonçais
volontiers pour elle à mon rang, à mon
nom, à mes honneurs!... J'oubliais, pour

cette indigne, que je suis le fils de Louis-le-Grand !... J'aurais désobéi à ma mère pour épouser cette fille d'un gentilhomme proscrit, d'un héritique condamné à mort ! Insensé que j'étais ! la raison me revient avec la douleur de m'avoir trahi ! trahi par Louise !... Oui, je n'ai plus qu'à mourir ! je mourrai sans me plaindre ! mais je mourrai du moins après m'être vengé comme il faut !

Il allait d'un pas désordonné par la forêt, sans savoir où il irait, sans s'inquiéter de la route qu'il avait prise.

Il marchait du côté opposé à celui qui l'eût amené à sa chaise de poste.

Il parlait à demi-voix, sans se rendre compte de ce qu'il disait ainsi ; il exprimait ses impressions successives par des jeux de physionomie involontaires, par des mouvements convulsifs, par des gestes extravagants.

Il poussa un cri de joie féroce, en reconnaissant devant lui le Dauphin.

Ce dernier, qui ne l'avait pas vu venir de loin, ne fut pas moins étonné de se rencontrer face à face avec le comte de Vermandois.

Il se promenait seul, une grande canne à pomme d'or à la main, semblable à la canne du roi.

Sa distraction habituelle l'avait entièrement détaché de tous les objets extérieurs, et il s'en allait lentement, adressant la parole à la Raisin, comme si elle
avait été là pour l'entendre et pour lui répondre.

— Petite masque! disait-il tout haut, en
brandissant sa canne : je vous battrai
comme plâtre, si tant est que vous ne
soyez pas noyée dans la rivière ou bien au
fond d'un puits!... Têtebleu! ce serait
dommage de n'ouïr plus cette gentille
joueuse d'épinette! je ne le pardonnerai
pas à ce démon de Vermandois qui est la
cause unique de tout ce malheur!... Pauvre Raisin! je porterai son deuil et je lui
ferai faire de très belles funérailles, car

je ne veux pas qu'elle soit damnée pour avoir été comédienne...

— Holà ! monsieur ! lui cria le comte de Vermandois, qui lui saisit le bras et le secoua rudement en lui lançant des regards furieux : vous plaît-il de me dire ce que vous avez fait de Louise ?

— Qu'est-ce que Louise, monsieur ? répliqua le Dauphin, troublé et offensé de cette entrée en matière.

— Je ne vous la demande pas pour la reprendre... Certes, vous pouvez la garder, puisque vous me l'avez prise !... Mais je vous somme de me déclarer ce que vous en avez fait, et ce que vous en voulez faire !

Le prince, en parlant de la sorte, avait la voix si altérée, le regard si féroce, le sourire si railleur, la contenance si menaçante, que le Dauphin, épouvanté, chercha autour d'eux s'il n'apercevrait pas le chevalier de Lorraine, et l'appela deux ou trois fois de suite avec une vive émotion.

Le comte de Vermandois réitéra sa question avec la même pantomime.

— Répondez, sur votre vie! cria-t-il d'un accent forcené. Dites-moi ce que vous en avez fait?

— Mon frère, êtes-vous devenu fou! répliqua le Dauphin, en adoucissant sa

voix et en prenant un air humble et presque suppliant.

— Si vous ne répondez pas, monsieur,
je me porterai à quelque extrémité, dont
je serais désespéré ensuite...

— Vous n'avez assurément pas votre
bon sens, monsieur de Vermandois ! Je ne
vous ai jamais vu dans ces accès de démence... Vous me faites peur !... Vous me
faites peine ! On penserait que vous ne me
reconnaissez pas...

— Je te reconnaîtrais entre cent mille,
malheureux, et je te poursuivrai jusqu'au
fond des enfers !...

— A moi, M. de Lorraine ! répétait le Dauphin qui s'efforçait d'échapper à l'étreinte de ce furieux. A l'aide !

— Silence ! interrompit le comte de Vermandois. Je n'ai affaire qu'à vous, monseigneur, et il faut que nous demeurions seul à seul pour cette explication qui sera la dernière... N'appelez personne ! ajouta-t-il, en faisant mine de lui mettre la main sur la bouche, n'appelez pas ; sinon je vous ferai un affront devant témoins !

— Où prétendez-vous en venir, monsieur de Vermandois? lui dit le Dauphin, qui essaya encore de la douceur et du raisonnement avec lui. Vous n'avez pas sans doute l'intention de m'assassiner dans ce bois ?

— Vous assassiner, monsieur ! reprit dédaigneusement le jeune prince. Non, non, quand il sera temps, vous nous montrerez ce que c'est que votre épée !... Mais, auparavant, il convient de nous entendre sur le fait : vous m'avez enlevé ma maîtresse ? dit-il d'un ton grave et lugubre, en se croisant les bras vis-à-vis de lui.

— Je vous ai enlevé votre maîtresse ! repartit le Dauphin, dont l'étonnement aboutit à un éclat de rire.

Ne riez pas ! ne riez pas ! de par tous les

diables ! dit le prince, qui leva la main comme pour le frapper.

— Il faut bien que je rie, monsieur, et je suis surpris que vous-même ne riez pas de cette mascarade !...

— Monsieur, ne me forcez pas à vous punir de cette manière ! s'écria le comte de Vermandois, la main toujours levée.

— Au nom du ciel, monsieur de Ver- mandois, cessez cette vilaine plaisanterie! Ne dites plus que je vous ai enlevé votre maîtresse; autrement, je serais contraint de vous demander aussi, avec plus de motif toutefois, ce que vous avez fait de la mienne !

— Trève de raillerie, monsieur, dans un sujet où il y aura certainement mort d'homme...

—Mort d'homme! interrompit le Dauphin, qui voulut s'échapper, et qui resta enchaîné sous la main nerveuse de son adversaire.

— Oui, mort d'homme! reprit le comte de Vermandois, avec l'accent d'une résolution bien arrêtée. Ceci doit finir par un duel.

— Un duel? mais vous êtes vraiment fou, monsieur!... Je consens pourtant à vous éclairer, à vous prouver votre démence, à vous faire honte de vos soupçons, de vos reproches, de vos injures... Évidemment, on vous a mis l'esprit à l'envers par quelque méchant rapport...

— Tous vos faux-fuyants, tous vos mensonges, toutes vos lâchetés ne vous sauveront pas de mon juste courroux!... Je n'avais qu'une chance de bonheur sur la terre, ajouta-t-il en s'attendrissant : vous me l'avez ravie!... Peut-être la malheureuse Louise a-t-elle été victime d'un abominable guet-à-pens? Peut-être cet enlèvement s'est-il accompli contre sa volonté, par ruse et par violence?

— Si je comprends un mot à ce grimoire,

je veux qu'on m'assomme ! De quel enlèvement parlez-vous ? Qu'est-ce que cette
Louise ?

— Vous aurez beau nier et faire l'innocent, monsieur, vous ne me ferez pas
changer de visée... Répondez sur votre
honneur !

— A quoi faut-il que je réponde?... La
patience m'échappe enfin... Oui dà, il me
semble que c'est une comédie...

— Une comédie ! une comédie ! répétait
le prince, dont l'exaspération ne connaissait plus de bornes. Qui la joue, de vous
ou de moi cette comédie ?

— Je vous laisse le soin de décider là-dessus ! dit le Dauphin, croyant que le bruit de cette altercation ramènerait de son côté le chevalier de Lorraine, et acceptant le débat sur le terrain où il pensait pouvoir le soutenir. La vérité est que vous-même avez peut-être enlevé et caché la pauvre Fanchon, pour me la faire chercher et me donner du souci ?

— C'en est trop, monsieur !... Là, l'épée à la main ! repartit le comte de Vermandois : vous répondrez mieux sans doute à ce langage.

— C'en est trop aussi, monsieur ! s'écria le Dauphin poussé à bout, se croisant les bras et tenant tête à son antagoniste.

— Pensez-vous rompre les chiens et me faire battre les buissons ! continua du même ton le jeune prince hors de lui. Ça, dégaînez, et mettez-vous en garde, sinon...

— Vous oubliez, monsieur de Vermandois, que je suis le Dauphin de France ; mais, sur mon âme ! je vous en ferai souvenir !

— Je vous obligerai bien à vous battre, puisque vous persistez à ne me pas donner les explications que je demande...

— Mais enfin faut-il savoir quelles sont les explications que vous demandez ! Jusqu'à ce moment je n'entends que billevesées...

— Billevesées ! répliqua fougueusement l'amant de mademoiselle de Chantemerle, en tirant de sa poche le portrait qu'il avait trouvé dans la chambre de cette demoiselle. Billevesées, dites-vous ? Eh bien ! sont-ce des billevesées que cela !

— Voilà qui est fort ! s'écria le Dauphin, changeant de couleur et interdit. Ce portrait ne devrait pas être entre vos mains...

— Il y est pourtant, et j'aimerais mieux qu'il ne fût pas sorti des vôtres. N'est-ce pas là, s'il vous plaît, une vilaine et honteuse trahison !...

— Ce n'est pas elle certainement qui

vous a donné ou prêté ce portrait? répliqua le Dauphin avec dépit.

— Vous m'apprendrez peut-être comment et dans quelle intention vous en-
voyez votre portrait à une femme que
j'aime?...

— A une femme que vous aimez!... dit
le Dauphin, passant du trouble à la colère.
Vous osez me faire cet aveu ?

— Quel aveu?... Ne saviez-vous pas que
j'étais éperdûment amoureux d'elle?.....
Dites?... ne le saviez-vous pas ?

— Non, je ne le savais pas, je l'avoue!

dit le Dauphin, s'enfonçant de plus en plus dans ce dédale de quiproquos. Mais, à coup sûr, elle ne vous aime et ne vous a jamais aimé...

—Pensez-en ce que vous voudrez, peu m'importe ! Ce que je nie, c'est que vous ignoriez mes rapports avec elle...

— Vos rapports avec elle !... Si je l'avais soupçonné !... Mais, non, je ne veux pas vous croire. Vous ne la connaissez même peut-être pas... Vous vous plaisez à me causer de l'inquiétude... Prenez garde, Louis, je me vengerai de cette malice.

— Vengez-vous donc, monsieur ! s'écria le comte de Vermandois, tirant son épée : faites-en de même et ne me ménagez pas !

— Fi, monsieur ! repartit dédaigneusement le Dauphin, en reculant de deux pas en arrière.

— Si vous n'êtes pas le plus lâche et le plus misérable des hommes, vous me rendrez raison de votre injure !

— L'injure est de votre côté, et je vous la pardonne, puisque je vous laisse cette fille que vous aimez !

— Gardez-la vous-même, je ne m'en

soucie point ! Mais je vous somme de mettre l'épée à la main...

— Je n'en ferai rien, vous dis-je ! repartit le Dauphin, qui essayait de battre en retraite. Vous êtes ivre...

— Ivre ! vous m'insultez encore, et vous refusez de me faire la réparation qui est autorisée entre gens d'honneur !

— Oui, vous êtes ivre ! reprit le Dauphin avec un geste méprisant. Je ne daignerai pas me commettre avec des ivrognes et des insensés !

Le dédain et les paroles injurieuses du

Dauphin avaient achevé de pousser le comte de Vermandois au dernier paroxisme de l'exaltation furieuse.

Le sang sifflait dans ses oreilles; un voile rougeâtre s'étendait sur sa vue; il serrait convulsivement la poignée de son épée, et il se sentait presque sur le point d'en frapper son adversaire qui ne faisait pas mine d'accepter son défi.

— Vous m'injuriez! lui dit-il d'une voix étouffée et confuse. C'est en vain que je vous demande raison de vos insultes!... Oh! non, ajouta-t-il en jetant son épée loin de lui, vous n'êtes pas digne de vous battre avec moi, car vous êtes un lâche cœur ! Et moi, je ne veux pas garder une arme vis-à-vis de vous, de peur d'en faire mauvais usage.

— Je n'ai pas plus peur de votre épée que de votre langue ! répondit le Dauphin qui se rassurait en voyant le prince désarmé.

— Monsieur, vous ferez peut-être honneur à un cartel qu'on vous portera de ma part ? reprit le comte de Vermandois en se rapprochant du Dauphin, qui l'attendit de pied ferme. Il faudra bien, à moins de me faire des excuses...

— Des excuses ! repartit le Dauphin avec

un redoublement de provocation mépri-
sante, des excuses à un fou !...

— Monsieur ! n'ajoutez pas une parole !
interrompit le prince avec une rage con-
centrée.

— Des excuses à un ivrogne ! continua
l'autre, du même ton outrageant, en
haussant les épaules.

— Encore ! dit le comte de Vermandois
qui n'avait plus déjà la conscience de ses
actions. Vous êtes bien heureux que j'aie
jeté mon épée.

— Des excuses à un bâtard ! murmura
le Dauphin avec un ricanement ironique.

Celle dernière injure perça au cœur le fils de madame de La Vallière.

Il ne fut pas maître de son premier mouvement, et, avant que le Dauphin pût se rendre compte de la portée du mot cruel qu'il avait prononcé à la légère, le comte de Vermandois leva la main et le frappa au visage.

Le bruit du soufflet qu'il venait de donner retentit douloureusement dans son âme et y suscita aussitôt le regret d'une action qu'il eût voulu racheter de tout son sang.

Le Dauphin avait chancelé sous le coup,

il restait tremblant et foudroyé, la consternation et la rage peintes sur ses traits.

— Ah! monsieur! dit-il d'un accent rauque et voilé : est-ce de la sorte que vous entendez prouver votre origine?

— Monsieur, la faute en est à vous! répondit le prince, insensible à cette nouvelle injure, et prêt à pleurer de douleur.

— Adieu, monsieur! Nous n'étions pas frères, mais, à présent, nous sommes ennemis jusqu'à la mort!

— Monsieur, s'il faut vous demander pardon, je m'humilierai devant vous, car

je ne me consolerai pas de cette action...
Monsieur, ordonnez-moi de l'expier, ou
plutôt, pour notre honneur à tous deux,
consentez à mettre l'épée à la main ; je me
laisserai tuer bien volontiers, et mon sang
paiera mon offense.

— Ce n'est point à moi de me faire justice, monsieur ; le roi jugera entre nous...
Je me lave les mains de ce qui en arri-
vera !

Le Dauphin, dont les joues, couvertes
de rougeur, pâlissaient par degrés, tourna
brusquement le dos au comte de Vermandois ; mais, comme celui-ci, repentant et
désolé, s'apprêtait à le suivre, il lui or-

donna, d'un geste impératif et menaçant, de prendre une route opposée à la sienne.

Le jeune prince poussa un profond soupir et ramassa son épée.

Avant de la remettre dans le fourreau, il l'examinait, comme s'il avait l'envie de s'en percer le cœur.

IV

La Bastille.

Le jour commençait à baisser, lorsque
Moufle, qui avait fait en poste la route de
Melun à Paris, arriva dans cette ville et
traversa le faubourg Saint-Jacques, en se

dirigeant vers le faubourg Saint-Germain, où était le but de son voyage.

La chaise, au fond de laquelle il se cachait pour n'être pas reconnu, n'avait de remarquable que l'amas de boue sèche et liquide qui la surchargeait.

Moufle avait fermé hermétiquement toutes les vitres, qui étaient couvertes aussi de tant d'éclaboussures, qu'il n'était pas plus facile de voir au travers, du dedans que du dehors.

Le postillon, non moins crotté que la voiture et les chevaux, avait été forcé de ralentir son train, à cause des rues étroites, tortueuses et mal pavées par lesquelles il devait passer.

Moufle, plongé dans ses réflexions, et se concertant à part lui sur la démarche qui l'amenait à Paris, ne prenait pas garde aux passants, qui se garaient des roues de la voiture en rasant la muraille et en se réfugiant dans l'encoignure des bornes.

Tout à coup il vit apparaître, de l'autre côté de la vitre ternie, un chapeau à plumes, un manteau galonné d'or et une figure à demi enfoncée dans les plis de ce manteau.

Il n'eut pas le temps de reconnaître

cette figure, mais il éprouva comme un pressentiment qui lui disait que ce cavalier, qui avait heurté la portière en s'obstinant à suivre sa voie, malgré le passage d'une chaise de poste, n'était autre que le comte de Vermandois en personne.

Quand il ouvrit la vitre et voulut faire arrêter les chevaux, le cavalier avait déjà disparu au détour d'une rue.

Il se persuada que ce ne pouvait être le prince, qui se trouvait alors à Versailles et qui, d'ailleurs, n'avait rien à faire à Paris.

— Eh ! monseigneur ! lui cria le postil-

lon en faisant claquer son fouet de manière à ce que tout le monde regardât,
écoutât et s'arrêtât autour de la voiture,
Votre Excellence ne m'a pas dit en quel
endroit il fallait la conduire?

— Il n'y a pas d'Excellence, maître sot!
répondit Moufle, mécontent de l'émotion
qui se manifestait dans la rue.

— Nous voici tout à l'heure à la porte
Buci, reprit le postillon en criant plus fort,
Votre Grandeur veut-elle me donner un
nom et une adresse?

— Le diable emporte Ma Grandeur,
imbécille! mène-moi à l'entrée de la rue
de Seine, et m'y laisse.

— Oui, monseigneur, oui, mon prince!. je ne demande au bon Dieu que de m'envoyer souvent d'aussi grands personnages à conduire.

— Quelle langue maudite ! Je ne suis pas plus prince que toi, mon garçon, et je ne te paierai pas pour me donner des qualités dont je n'ai que faire.

— Non, monseigneur, vous n'êtes pas prince, vous n'êtes pas marquis, si vous le voulez, mais toujours est-il que vous payez...

— Si tu ajoutes un mot de plus, interrompit Moufle, et si tu ne cesses ta litanie, je ne te donnerai pas seulement de quoi boire à ma santé.

Le postillon se tut à regret, et fouetta ses chevaux à tour de bras, pendant que les badauds, qui avaient entendu son colloque avec le personnage qu'ils ne voyaient pas dans l'intérieur de la voiture, se disaient l'un à l'autre que cet inconnu était certainement un prince ou un grand seigneur.

Moufle ne voulut pas arriver en chaise de poste jusqu'à la rue des Marais, de peur d'attirer l'attention sur lui et sur ses démarches.

Quand il fut au carrefour de la Croix-

Rouge, il cria au postillon de retenir ses chevaux et il sauta lestement à terre, tandis que la voiture était encore en mouvement.

On entendit sonner l'or qu'il avait dans ses poches.

— Ah! monseigneur! ah! mon prince! s'écria le postillon, dont le son de l'or avait agréablement chatouillé l'oreille.

— Silence, bavard! reprit Moufle, qui lui mit trois louis dans la main. Je ne serai absent que pour un petit quart d'heure... Il s'agit d'attendre mon retour dans cette rue du Colombier, sous prétexte de rafraîchir les chevaux et sans amasser de la foule autour de toi.

— Monseigneur, je chasserai les curieux en leur disant que Son Altesse veut garder l'incognito.

Moufle, las de lutter contre cette obstination, haussa les épaules et s'empressa de gagner à pied la rue des Marais.

Il y entra si rapidement, que ceux qui le suivaient de loin perdirent sa trace et ne renoncèrent pas le rejoindre.

Il longeait lentement les maisons de cette ruelle obscure, et, les examinant l'une après l'autre, pour reconnaître celle qu'il venait chercher de si loin et qu'il n'avait vue qu'une seule fois dans sa vie.

Ses souvenirs, à cet égard, étaient assez vagues et incertains ; il craignit un moment de ne pas savoir retrouver cette cave des Templiers, dans laquelle il avait pénétré, un jour, à la suite du chevalier de Lorraine, avec le comte de Vermandois.

Mais deux hommes de mine suspecte, qui semblaient postés en embuscade auprès d'une vieille porte de jardin, lui firent remarquer cette porte délabrée, dont le heurtoir, figurant une tête de bouc, avait laissé dans son esprit une trace lumineuse.

Il s'approcha, et les deux hommes, qui le regardaient avec défiance, s'avançant simultanément, tournèrent autour de lui sans lui adresser la parole, et sortirent de la rue en échangeant des signes d'intelligence.

Moufle avait porté la main à son épée, car il crut d'abord avoir affaire à des coupeurs de bourse ; mais, quand ces deux quidams se furent éloignés, il pensa naturellement que ce devaient être des Templiers, et il se félicita de leur retraite.

Il leva le marteau de la porte et frappa deux fois.

Aucun bruit à l'intérieur n'indiquait

qu'on l'eût entendu et qu'on se mît en
mouvement pour lui ouvrir. Il frappa de
nouveau avec plus de force, et il vit avec
satisfaction que la porte s'était entre-bâillée
doucement ; il la poussa pour entrer précipitamment, et il la referma derrière lui.

Il se trouvait en face d'un vieillard vêtu
de la livrée des Templiers, armé d'une
hallebarde et planté debout comme une
sentinelle.

Ce vieillard, de l'aspect le plus sordide
et le plus misérable, portait sur son visage
décharné et pâle l'empreinte de la misère
et même de la faim ; l'expression de sa
physionomie était celle de la souffrance

physique et morale : son regard avait de la douceur et de la mélancolie ; sa bouche, aux lèvres flétris, grimaçait un sourire amer.

— Vous avez grand tort de venir ici, monsieur, dit à Moufle ce spectre vivant ; vous feriez sagement d'en sortir sur-le-champ.

— Mon ami, je n'y resterai guères, répondit Moufle en lui glissant un louis dans la main. Je vous demande la permission de visiter ce jardin...

— Une pièce d'or ! murmura le vieillard, qui n'avait peut-être jamais possédé

d'or. Je n'ai rien fait pour avoir droit à
tant de générosité de votre part, mon bon
seigneur ! ajouta-t-il avec l'accent de la re-
connaissance, en le suivant pas à pas. Je
vous conjure de vous retirer !

— Je veux seulement jeter la vue sur ce
jardin, dit Moufle qui se méprenait sur les
intentions de ce vieux gardien du logis et
qui crut avoir à vaincre une résistance
fondée sur quelque consigne inexorable.
Voici deux louis encore, mon ami, pour
vous souvenir de moi.

— Deux louis ! s'écria le vieillard touché
jusqu'aux larmes. Ah ! mon bon seigneur,
je donnérais une once de mon sang pour

que vous fussiez en sûreté hors d'ici !
Écoutez, disait-il en s'attachant à lui avec
plus de ténacité, je sais une issue par où
vous faire sortir...

— Je ne demande que dix minutes pour
voir ce jardin, ces vases, ces statues et toutes ces singularités ! Laissez-moi seul, je
vous prie, et quand j'aurai achevé ma promenade, je vous montrerai que je ne suis
point ingrat.

— Eh bien ! mon bon monsieur, je vais
faire le guet à la porte et j'empêcherai
qu'on entre tant que vous resterez céans !
Mais, pour l'amour de Dieu, ne vous lais-
sez pas prendre, car on vous mènerait
d'abord en prison de par le roi.

Moufle n'entendit pas ces derniers mots,

Il avait déjà pénétré plus avant dans le jardin, en cherchant à retrouver l'endroit où il se rappelait avoir déposé le comte de Vermandois évanoui, au sortir de la cave des Templiers.

Il passait et repassait dans les allées qui se confondaient sous les grandes herbes et qui n'étaient plus indiquées çà et là que par des touffes de buis.

Trois semaines à peine s'étaient écoulées depuis les terribles épisodes de cette orgie, où il avait craint pour la raison et pour la vie de son auguste maître ; il se rappelait encore les moindres détails de l'affreuse scène qui avait failli se terminer par la mort du prince, mais le souvenir des objets extérieurs et matériels n'avait pas de vestige dans son esprit, et il se trouvait dans ce jardin comme s'il n'y fût jamais venu.

Cependant il avait une seule circonstance présente à la pensée : quand il arracha le vêtement du comte de Vermandois qui était en péril d'étouffer, il avait jeté, par un mouvement instinctif, non à terre, mais sur un vase de marbre, les habits qu'il enlevait avec précipitation.

Sa pensée avait été sans doute de ne pas

gâter ces habits au contact du sol humide :
et cette pensée, qui dominait alors son action, s'était conservée intacte dans sa mémoire.

Il cherchait donc à reconnaître ce vase
de marbre, qu'il se représentait en idée
comme le dépositaire du précieux parchemin que le comte de Vermandois avait
perdu.

Soudain, on heurta violemment à la
porte de la rue, et une voix impérieuse se
fit entendre, qui ordonnait d'ouvrir au
nom du roi.

Mouﬂe ne prit pas garde à cette voix ni

à ce tapage; il continuait sa recherche en
y appliquant toute la préoccupation de
son intelligence, toutes les impatiences de
son désir.

Le gardien de la maison n'ouvrait pas
aux gens qui frappaient à grand bruit; mais
il courut dans le jardin pour avertir l'imprudent visiteur, qu'il appelait d'un ton
plaintif et suppliant.

Moufle venait de découvrir un vase renversé sur son piédestal, auprès d'un banc
de pierre sur lequel il crut voir encore le
prince étendu sans mouvement, les membres contractés, le visage bouleversé et
marqué du doigt de la mort.

C'était une illusion, mais cette illusion le mettait sur la voie. Il s'élança plein d'espoir vers ce vase et il y plongea la main.

Une émotion indicible le fit tressaillir de joie et se traduisit en sourire sur ses traits épanouis ; quand il retira sa main, il tenait les lettres de grâce du comte de Chantemerle et de Jérémie Cornouaille.

— Mon bon seigneur ! lui disait en gémissant le vieillard, qui l'avait joint au moment même, et qui ne se rendait pas compte de la trouvaille que l'inconnu avait faite sous ses yeux, voici les sergents qui sont à la porte, et qui vont vous prendre.

— Mon ami, je t'ai promis de n'être pas ingrat, répondit Moufle, qui avait déployé le parchemin tout moite d'humidité, mais absolument intact, quoique l'encre se fût décolorée et même effacée en certains endroits.

— Mon bon seigneur, reprit le pauvre homme, je ne me consolerai jamais de ce que vous irez en prison.

— Tiens, mon ami, lui dit Moufle en lui donnant une poignée d'or, il est bien juste que tu participes à cette heureuse rencontre.

— Me voilà riche, grâce à vous, mon

bon seigneur! s'écria le vieillard avec attendrissement en baisant sa main pleine
d'or et l'approchant de ses yeux ébahis à
l'éclat du bienheureux métal. C'est de l'or,
de l'or! N'êtes-vous pas quelque chari-
table sorcier, mon bon seigneur!

— Si tu es satisfait, mon ami, je le suis
encore plus que toi, lui disait Moufle en
repliant avec précaution le parchemin dont
les sceaux pendants étaient à demi-déta-
chés. Maintenant, dépêche-toi de m'ouvrir
la porte, que je m'en aille.

— N'entendez-vous pas la voix du commissaire?... Ah! mon bon seigneur, comment parviendrai-je à vous tirer de là?

— Quel commissaire? disait Moufle, qui avait serré précieusement les lettres de grâce dans son habit.

— Eh! mon bon seigneur, c'est le commissaire qui s'en vient pour vous arrêter et vous conduire en prison.

— En prison? reprit Moufle que cette menace n'avait pas seulement troublé. Pourquoi me conduirait-il en prison?

— Parce que vous êtes un des frères et que vous êtes affilié de l'ordre des Templiers...

— Dieu m'en garde! je ne suis pas, n'ai

jamais été et ne serai jamais membre de
cette société d'ivrognes et de joueurs.

—Cependant, mon bon seigneur, on vous
trouve dans cette maison où les Templiers
venaient faire la débauche. Il y a un ordre
de M. le lieutenant de police pour saisir et
emprisonner tous ceux qui viendront ici.

— Et toi, mon ami, n'es-tu pas le por-
tier de la maison, sinon un des frères
servants du nouvel ordre du Temple.

—Ah! mon bon seigneur, je suis un
honnête homme! On m'a mis là, en effet,
pour ouvrir la porte aux gens qui viennent,
mais c'est M. le commissaire enquêteur
du quartier, qui me paie et me nourrit!

— Je n'ai rien à craindre du commissaire ni de ses sergents : ainsi, viens ça m'ouvrir la porte de la rue.

— Il y a là-bas une issue que je connais mon bon seigneur; vous feriez mieux de vous en aller de ce côté-là !

— Non, te dis-je, je ne veux pas avoir l'air de m'enfuir, et d'ailleurs, ma chaise est dans une rue voisine.

— Vous avez tort, mon bon seigneur; ils vous arrêteront comme les autres, fussiez-vous marquis, comte ou baron... Cachez-vous plutôt dans la cave des Templiers; je vous mettrai dehors quand ils seront partis.

Moulle ne savait trop à quel parti s'arrêter.

Comme premier valet de chambre du
comte de Vermandois, il croyait n'avoir
pas à s'inquiéter d'une mesure de justice
dirigée contre les Templiers.

Cependant il craignit que les explications à fournir au commissaire ne le
retinssent plus longtemps qu'il ne voudrait,
et d'ailleurs, il avait à cœur de ne pas
constater son voyage à Paris.

Il accepta donc la cachette que lui offrait
le gardien de la maison, et il se blottit
derrière un tonneau vide, dans un coin de

la salle où s'était faite, un mois auparavant, la grande orgie des Templiers.

Le vieillard, le croyant bien caché, s'en alla, d'un pas hatif et chancelant, introduire le commissaire et son monde qui s'impatientaient à la porte de la rue. Ceux-ci entrèrent tumultueusement et se répandirent dans la maison comme une meute de chiens d'arrêt.

Il commençait à faire nuit et l'on distinguait à peine la figure de ces limiers de police, qui flairaient la proie et couraient çà et là.

— St! st! père Latrouille! dit le commissaire au vieillard qui se tenait humblement incliné devant lui, pourquoi tant tarder à ouvrir?

— Je dormais, monsieur le commissaire! répondit-il avec anxiété, en serrant son or dans ses mains crispées.

— Père Latrouille, on ne dort pas lorsqu'on a des devoirs à remplir vis-à-vis de nous. Mais il est entré quelqu'un ici.

— Un gentilhomme, à coup sûr, reprit un des sergents, peut-être un seigneur de la cour, certainement un Templier.

— Je n'ai rien vu de tout cela, puisque

je dormais, repartit le vieux gardien,
tremblant de tous ses membres.

— St! st! fit le commissaire, il est entré
et n'est pas sorti : nous le trouverons bien
quelque part, à moins qu'il ne s'évanouisse
en fumée... Au fait, ces Templiers se mêlent de sorcellerie, dit-on, et se donnent
au diable...

— Vous ne trouverez personne, dit le
père Latrouille au sergent ; vous feriez
mieux de déguerpir et de me laisser con-
tinuer mon somme.

Mais déjà le valet de chambre du comte
de Vermandois s'était repenti d'avoir es-

sayé de se cacher comme un malfaiteur, et dès qu'il entendit entrer dans la cave les gens qui le cherchaient, il se leva, sortit de sa retraite et alla droit à eux.

Ils l'entourèrent, sans porter la main sur lui, et le prièrent, avec déférence, de vouloir bien les suivre.

Moufle obéit sans leur répondre, et arriva fièrement devant le commissaire.

Celui-ci avait fait allumer deux flambeaux pour mieux voir sa capture, qu'il attendait avec calme et sérénité.

Ce commissaire avait l'aspect le plus

placide, le plus naïf, le plus bonhomme
qui se fût jamais rencontré dans la police
du Châtelet.

Il souriait toujours, même dans l'exécution des rigueurs de son office, et il n'a-
vait que des paroles bienveillantes pour
les coupables comme pour les innocents.

Rien ne pouvait troubler la limpidité de
sa belle humeur, ni contrarier sa digestion,
ni déranger ses repas, ni agiter son sommeil, ni porter atteinte aux habitudes pa-
cifiques et régulières de sa vie privée.

Il n'en était pas moins inflexible, impitoyable, aveugle et sourd comme la loi.

— St! st! fit-il en dressant la formule de son procès-verbal. Nous sommes aujourd'hui le 30 du mois d'octobre... St! st! jour de dimanche...

— Monsieur, ne vous donnez pas tant de peine, s'il vous plaît, interrompit Moufle. Permettez-moi de vous dire qui je suis, et de prendre ensuite congé de vous...

— J'espère bien savoir qui vous êtes, monsieur, mais ne faites point attention à la peine... St! st! Voilà qui est fait tout à l'instant.

— Je suis le premier valet de chambre de monseigneur le comte de Vermandois et je suis attendu à Fontainebleau.

— Je me félicite, monsieur, de faire votre connaissance, et je vais mettre ici tout au long vos noms, titres et qualités.

— N'avez-vous pas entendu ce que j'ai dit? Je suis le premier valet de chambre...

— De monseigneur le comte de Vermandois?... C'est une charge très honorable, monsieur, et je suis assuré que vous vous en acquittiez à merveille... St! st!

— Mais, monsieur, je n'ai pas le loisir de faire ici le pied de grue, et je vous prie de me laisser aller à mes affaires.

— St! st! je ne vous retiendrai guère,

et ces messieurs vont vous conduire où il faut, dans un tout petit moment.

— Il paraît que vous ne savez pas à qui vous avez affaire, monsieur, s'écria Moufle qui voulut intimider le commissaire.

— Je le sais vraiment, monsieur, puisque vous m'avez dit être le premier valet de chambre...

- Mais, monsieur, interrompit Moufle, ne comprenez-vous pas que je n'ai pas goût à cette procédure et à ces contraintes!

— St! st! je m'en excuse du mieux que je puis, mais voilà qui est fait. Patientez encore quelques minutes!

— Où prétendez-vous en venir? pourquoi ces formalités? N'est-ce pas un outrage à la personne du comte de Vermandois...

— Ah! monsieur, je le respecte, au
contraire, et je vous respecte aussi, puisque
vous lui appartenez... St! st! voilà qui est
fait. Vous me pardonnerez si je ne vous
accompagne pas... Ces messieurs s'en
vont vous mener à la Bastille.

— A la Bastille? s'écria Moufle outré et
désespéré. Il y a un malentendu! je vous
prie de considérer qui je suis...

— Premier valet de chambre de mon-

seigneur le comte de Vermandois. St, st!
c'est une place de confiance, et qui vous
honore.

— Tout commissaire que vous soyez,
monsieur, je pourrais bien vous faire regretter... Ne raillons plus, monsieur, et
adieu!...

— Mes baise-mains, monsieur! M. le
lieutenant de police vous fera certainement relaxer, mais je n'ai pas ce pouvoir,
st! st!

— Je vous supplie, monsieur, s'écria
Moufle, qui crut devoir recourir à des
formes amiables et conciliantes, je vous

supplie de faire que je retourne à mon service ! Je suis venu à Paris pour exécuter les ordres de Son Altesse, et le moindre retard peut entraîner de graves conséquences.

— Ces messieurs vont vous conduire avec tous les égards dûs à votre personnage. St ! st ! vous plaît-il seulement de signer au procès-verbal ?

— Que la fièvre vous étouffe, commissaire du diable ! dit Moufle avec emportement : vous aurez de mes nouvelles !

— St ! st ! mon cher monsieur, je vous souhaite toute sorte de prospérités, et je vous invite à ne plus vous compromettre avec messieurs les Templiers.

Moufle jugea bien qu'il n'avait rien à obtenir de cet impitoyable commissaire, qui l'escorta jusque dans la rue, en lui faisant des saluts et des sourires gracieux, auxquels ne se mêlait pas la moindre apparence de malice.

Moufle s'était donc résigné à subir les désagréments de sa situation, qu'il ne regardait que comme un léger retard dans son voyage.

Il éprouva néamoins un vif déplaisir en se voyant au milieu des sergents qui le gardaient à vue, et il s'indigna surtout de traverser Paris en pareil équipage.

La chaise de poste, par bonheur, l'attendait à l'entrée de la rue du Colombier, et il obtint, en glissant un louis dans la manche d'un de ses surveillants, la permission de remonter dans la voiture avec eux.

Le postillon demeura interdit en présence de ce cortége sinistre.

— Ah ! monseigneur ! dit-il à Moufle avec impertinence, est-ce que, d'aventure, Votre Seigneurie ne serait qu'un gentilhomme de grands chemins ?

Moufle ne répondit pas à cette grossière injure.

Il était profondément irrité contre le sort, et il n'avait pas d'autre pensée que de se soustraire le plus tôt possible à une détention aussi malencontreuse que tyrannique.

Il s'accroupit dans un coin de la voiture, et le chef de l'escorte se plaça respectueusement auprès de lui, tandis que trois sergents se juchaient derrière la chaise de poste, qui n'était pas faite pour porter tant de voyageurs.

Le postillon faisait le rétif et refusait de

marcher, en demandant qui le paierait,
car il se persuadait que l'inconnu, qu'il
avait traité avec toutes sortes de politesses
et de révérences n'était qu'un coquin,
poursuivi à cause de ses méfaits et destiné
à la potence,

Les sergents, l'épée à la main, le forcè-
rent à se remettre en selle et à prendre le
chemin de la Bastille.

Moufle avait plus d'argent sur lui qu'il
n'en fallait pour acheter tous les sergents
du Châtelet ensemble ; mais il ne songea
pas à recouvrer sa liberté par ce moyen,
que son compagnon de route eut pourtant
la prévoyance de lui suggérer.

Il se disait que son arrestation ne pouvait être que le résultat d'un malentendu, et il en était assez offensé pour vouloir qu'on lui fît des excuses en le délivrant de cette injurieuse captivité.

Il se consolait, en calculant què ce retard de quelques heures ne l'empêcherait pas de se trouver le lendemain, avant midi, à l'Ermitage de la Madeleine.

Son voyage, d'ailleurs, avait réussi autant et plus qu'il pouvait le désirer.

Il porta plusieurs fois la main à l'endroit où il avait caché sous ses habits le précieux parchemin qui renfermait la grâce du comte de Chantemerle. Il se préoccupait en même temps de la somme considérable en or qu'il avait dans ses poches.

Il ne fut tiré de sa rêverie que par le bruit lugubre des roues et des chevaux sur le pont-levis de la Bastille.

La voiture venait de s'arrêter sous la première voûte, devant le grand guichet de la prison d'État.

On entendait des portes s'ouvrir avec fracas, les gonds, les verroux et les serrures gémissant, grondant, criant; on voyait la lueur des torches courir sur les murailles noires, et des ombres mobiles passer dans le rayon lumineux.

Moufle tressaillit et frissonna, comme s'il sortait d'un rêve effrayant ; il se sentait pour la première fois inquiet, découragé, accablé.

— Monsieur, lui dit froidement l'homme de police assis à ses côté, ce que je vous offrais tout à l'heure, par pure déférence, n'est plus chose possible à présent. Nous sommes à la Bastille, et il ne me serait pas permis de vous en faire sortir de ma propre volonté, quand bien même vous auriez cinquante louis d'or à la main.

— Cinquante louis ! s'écria Moufle, qui

comprit trop tard quelle espèce d'offre lui
avait été adressée pendant le trajet. S'il
ne faut que cela, pour ne pas perdre du
temps, je suis prêt à vous satisfaire, mon
cher monsieur.

— Il est bien fâcheux pour vous et pour
moi que nous ne nous soyons pas enten-
tendus ! reprit le sergent avec un soupir
de concupiscence ; cela ne vous aurait
coûté que cinq ou six louis, et vous n'auriez pas le dépit de coucher cette nuit
dans la prison du roi.

— Monsieur il n'est jamais trop tard
pour s'entendre, lui dit vivement le prisonnier, qui n'eut pas de peine à lui faire

accepter quelques louis. Je vous prie de faire savoir secrètement à M. le lieutenant de police que je suis chargé de lui parler de la part de M. le comte de Vermandois.

— Il n'y a pas trop d'apparence que M. le lieutenant-général de police s'en vienne tout exprès ce soir à la Bastille...

— N'omettez pas de lui faire dire que je suis le premier valet de chambre de monseigneur de Vermandois.

— Je dirai et ferai de mon mieux, monsieur, pour vous montrer mon dévoûment et mon respect.

Il y eut bien des allées et venues autour

de la chaise de poste, où Moufle restait
seul enfermé, avant qu'on ne l'en eût fait
descendre, et qu'il eût été écroué en
forme, sous les yeux du sergent, que le
commissaire de police avait muni du procès-verbal d'arrestation.

Le greffier, qui inscrivait le nom du
premier valet de chambre du comte de
Vermandois sur le registre des écroux,
se confondait en doléances, en excuses
et en salutations.

Moufle apprit de lui, qu'en vertu d'un
commandement formel du roi, le lieute-
tenant de police avait ordonné de faire
conduire à la Bastille toutes les personnes

qui seraient saisies dans l'hôtel de la rue des Marais, où les Templiers tenaient leur chapitre.

Depuis trois jours que l'ordonnance de M. de la Reynie était en cours d'exécution, plus de trente personnes plus ou moins notables, appartenant à la compagnie du Temple, avaient donc été arrêtées sur le lieu même de leurs réunions illicites ; le marquis de Biran, le duc de Grammont et d'autres grands seigneurs s'étaient trouvés au nombre des prisonniers : ils avaient été provisoirement rendus à la liberté, après une courte détention et un interrogatoire criminel dans l'intérieur de la prison.

Mais plusieurs des détenus, qui n'a—

vaient pas droit aux mêmes priviléges, en raison de leur naissance bourgeoise, durent fournir caution en argent, pour répondre de l'amende qu'on voulait exiger d'eux au profit des hospices.

Enfin, quelques-uns des inculpés, plus coupables ou plus compromis, étaient encore emprisonnés, faute de caution suffisante.

On fit comprendre ainsi à Moufle que son arrrestation n'étant que le résultat d'une erreur ou d'un hasard inexplicable, il serait libre aussitôt après l'interrogatoire; mais cet interrogatoire ne pouvait avoir lieu que le lendemain.

Il fallait donc se résigner à passer toute une nuit à la Bastille.

Moufle s'effrayait et se désolait à l'idée de cette nuit de captivité.

Il demanda instamment à voir le gouverneur de la Bastille. On lui répondit que le gouverneur était allé souper chez le lieutenant de police, et qu'il ne rentrerait pas avant minuit, à cause du jeu qui durait fort tard chez M. de la Reynie.

Moufle, las de s'informer, d'insister, de réclamer et de solliciter, se résolut tristement à subir sa mauvaise chance : il accompagna le porte-clés, espèce de Cerbère à face humaine, qui le conduisit, sans lui adresser une seule parole, dans une grande chambre, au deuxième étage de la tour dite de la Béraudière.

Cette chambre, qui remplissait la moitié de la circonférence de la tour, et dont l'unique fenêtre s'ouvrait à six pieds audessus du plancher, regardait Paris et plongeait sur le faubourg Saint-Antoine.

C'était une des chambres les plus propres et les plus commodes de la Bastille.

Elle contenait quatre lits, de même que les autres chambres, mais elle n'était ordinairement occupée que par un seul pri-

sonnier, qui devait à son rang et à sa fortune l'avantage d'être exempté d'une cohabitation plus ou moins désagréable.

Du reste, la décoration et l'ameublement
ne différaient guère ici de ce qu'ils étaient
ailleurs dans les chambres de la Bastille :

Une tenture de vieille serge verte, semée de taches multicolores, déchirée et
rapiécé en plus d'un endroit ; une vaste
cheminée, sous le manteau de laquelle un
homme pouvait se tenir debout ; quatre
tabourets et un fauteuil en chêne massif,
couverts de cuir noir usé et déchiqueté ;
d'étroites couchettes qui déguisaient, sous
une courte-pointe étriquée en tapisserie

de verdure, la pauvreté d'une paillasse et d'un matelas, aussi minces, aussi durs, aussi sales l'un que l'autre.

Moufle ne prit pas garde au triste et misérable aspect des objets qui l'environnaient ; il se jeta dans le fauteuil en poussant un soupir.

Il se tint le front appuyé sur sa main, tandis que le porte-clés allumait une grosse chandelle puante dans un flambeau de fer battu, apportait une cruche d'eau et un pain bis, mettait des draps de toile à torchon dans un des lits et préparait le ménage du prisonnier, qu'il examinait d'un œil terne et sournois.

— Vous pouvez maintenant souper et
dormir? dit le geôlier en se retirant. Le
couvre-feu est à huit heures, c'est-à-dire
que vous devrez éteindre votre lumière
dans vingt minutes. Tâchez d'être couché
quand je ferai ma ronde.

Moufle ne répondit pas, s'il entendit
cette brutale allocution.

Il restait absorbé dans ses poignantes
réflexions, qui puisaient leur amertume
à deux sources principales :

Il s'était engagé par serment vis-à-vis
de Thérèse à être de retour à l'Ermitage
le lendemain avant midi, et il se voyait

déjà sous le coup d'un parjure, car il n'osait plus espérer que la venue du lieutenant de police ou quelque circonstance heureuse lui permît de recouvrer sa liberté en temps utile.

Il avait atteint le but de son voyage ; il possédait les lettres d'amnistie signées du roi et de Colbert, avec lesquelles il pouvait sauver la tête du comte de Chantemerle et celle de Jérémie Cornouaille ; mais il se trouvait dans l'impossibilité de faire usage de ces lettres d'amnistie, de les remettre au comte de Vermandois, qui les avait égarées, ou seulement de prévenir les deux infortunés qu'elles intéressaient personnellement.

Son plus vif chagrin était peut-être la

crainte de manquer de parole à Thérèse, et de passer aux yeux de cette fille pour un homme déloyal.

Il prêtait l'oreille à tous les bruits qui s'élevaient des profondeurs de la Bastille, et il cherchait à démêler parmi ces voix, ces rumeurs et ces cliquetis confus, le signal de l'arrivée du lieutenant de police, car, tout en désespérant de le voir venir dans la soirée, il se laissait aller par moments à de folles illusions d'espoir.

Il se leva spontanément à plusieurs reprises : il courait à la porte, qui restait close.

Il écoutait encore, pour se convaincre qu'il s'était trompé, et il retournait lentement s'asseoir en soupirant.

Huit heures sonnent à la grosse horloge de la cour du Gouvernement, et le tintement lugubre de la sonnerie éveille des échos plaintifs sous les voûtes de la prison.

Le geôlier, agitant son trousseau de clés, circule d'un pas lourd dans les corridors et les escaliers, en s'arrêtant à la porte de chaque chambre.

— Il est huit heures ! crie-t-il d'un accent épouvantable ; éteignez vos feux

et vos lumières; couchez-vous et dormez.

Moufle ne tint aucun compte de l'avis.

Il continuait à écouter, immobille et at-
tentif, près de la table, où la chandelle
brûlait en pétillant, à cause de l'humidité qui avait imprégné la mèche fu-
meuse.

Tout à coup un grand bruit se fait au
loin dans les cours : les guichets s'ou-
vrent, des pas résonnent, des voix reten-
tissent.

On vient, on approche.

Le porte-clés introduit dans la chambre de Moufle un officier, qui le salue avec politesse et qui l'invite à se rendre dans le cabinet de M. de la Reynie.

Moufle se croit déjà libre; son cœur bat, sa tête s'exalte, ses yeux brillent et ses joues se colorent.

Il suit cet officier, il le devance même : il est impatient de paraître devant le lieutenant de police, qui va enfin le faire sortir de prison.

Mais ses craintes renaissent et ses espérances chancellent, quand il se trouve en face de ce magistrat, dans une petite salle

basse, voûtée aux murailles nues et froi-
des, qui n'ont pas d'autre ornement qu'un
crucifix de buis, entre deux vieux tableaux
de sainteté, peints sur panneaux et enca-
drés de bois noir.

On dirait la chambre de la question.

Elle n'offre que trois siéges autour d'une
able massive.

M. de la Reynie occupe déjà un de ces
trois siéges; les deux autres sont vides,
car il ne s'est pas fait accompagner de son
greffier ce soir-là.

M. de la Reynie passait avec raison

pour le plus intègre et le plus honnête
des conseillers d'État, mais il n'en était
pas moins redouté dans l'exercice de ses
fonctions.

Il possédait depuis vingt ans toute la
confiance du roi, qui refusait de se priver
des services de cet habile homme, presque octogénaire, quoique M. de la Reynie
eût demandé souvent à se reposer après
une vie active et si bien remplie.

Le lieutenant de police avait une petite
tête, ensevelie sous une énorme perruque
à marteaux, dont la couleur noire faisait
ressortir le teint blafard et terne de son
visage éternellement inanimé, à l'excep-

tion de ses yeux, qui semblaient des char-
bons ardents sous ses épais sourcils gri-
sâtres.

Moufle ne s'était jamais rencontré avec
M. de la Reynie, qu'on ne voyait jamais à
la cour, quoiqu'il fût sans cesse à Versailles, chez le roi et chez madame de Maintenon.

Moufle éprouva un serrement de cœur à
l'aspect de ce vieillard austère, qui l'attendait comme dans un tribunal.

— C'est vous qui êtes le premier valet
de chambre de M. le comte de Vermandois? lui demanda froidement le lieutenant de police.

— Oui, monsieur ! répondit Moufle, qui se sentit dominer par l'influence de respect et de terreur que M. de la Reynie exerçait sur les plus grands personnages.

— C'est vous qu'on a surpris et arrêté dans la maison des Templiers de la rue des Marais, au faubourg Saint-Germain ? continua du même ton le magistrat.

— Oui, monsieur, répondit Moufle, qui s'empressa de se disculper ; mais je n'étais entré dans cette maison...

Il n'acheva point et baissa les yeux, en cherchant à donner un motif plausible à sa présence dans cette maison suspecte.

Le regard flamboyant de M. de la Reynie l'avait empêché de s'excuser par un mensonge ridicule.

Il préféra se taire et voir venir les questions que le lieutenant de police pourrait lui adresser.

Ce dernier parcourait des papiers étalés sur la table.

— C'est vous, lui dit-il d'un accent glacial, c'est vous qui avez accompagné M. le comte de Vermandois à l'orgie du 7 septembre courant, dans cette maison de la rue des Marais ?

— Ah ! monsieur, répliqua Moufle, je

proteste contre cette accusation en ce qui me regarde; j'étais là parce que Son Altesse y était.

— Ne vous défendez pas, je vous prie, mais répondez simplement à mon interrogatoire, si vous le jugez à propos. Sur ce, je poursuis : c'est vous qui étiez encore, avec M. le comte de Vermandois, à cette autre orgie qui eut lieu dans la nuit du 16 au 17 août, chez les Templiers, dans un cabaret de la rue de Jouy, au Marais.

— Oui, monsieur !... repartit discrètement Moufle, qui craignait de se compromettre, et surtout de compromettre le prince.

— Avez-vous connaissance de l'enlèvement d'une fille protestante qui était enfer-
mée au couvent de l'Ave-Maria par ordre
du roi ?

— Voilà une étrange question, monsieur le lieutenant de police ! reprit Moufle, qui ne put dissimuler entièrement son
émotion, que trahissaient le tremblement
de sa voix et l'altération de ses traits.

— Pas si étrange, ne vous déplaise ; au
reste, répondez comme il vous plaira. Ce
n'est pas vous qui avez aidé la fuite de
cette fille ?

— Monsieur ! s'écria Moufle tout à fait

décontenancé. Je ne pouvais être à la fois dans ce cabaret de la rue de Jouy et...

— Dites, je vous prie, ajouta le lieutenant de police, qui suivait de l'œil tous les mouvements de la physionomie de l'inculpé.

— Je n'étais pas, je l'avoue, préparé à un tel interrogatoire, monsieur, dit Moufle en balbutiant, et j'avais lieu de compter sur votre bienveillante intervention pour me faire sortir d'ici, avant que le service de Son Altesse ait pu souffrir de mon absence.

— Je vous interrogerai encore quelque

peu, s'il vous plaît; mais ne vous croyez
pas obligé de répondre à tout : votre silence en dira souvent plus que vos paroles. Continuons. C'est vous qui avez
acheté, sous un faux nom, à l'intendant
de madame la marquise de Monchevreuil,
une petite maison de plaisance, dite l'Ermitage de la Madeleine, sise dans la forêt
de Fontainebleau, près du port de Valvins?

— D'où savez-vous, monsieur? interrompit Moufle avec stupeur. Il est vrai.....
Cette maison était à vendre depuis longtemps, et personne n'en voulait, à cause
des vipères qui foisonnent vers cet en-
droit-là... J'ai fait un très bon marché...

— Je l'entends bien ainsi ! Le contrat

de vente a été passé le 17 août en l'étude
dc M⁰ Tambonneau, notaire royal.

— Je regrette vivement de vous avoir
dérangé, dit Moufle avec dépit, pour vous
occuper de pareilles opérations !

— N'ayez pas tant de regret, je vous
prie, et poursuivons : ce n'est pas vous,
certainement, qui auriez enlevé mademoiselle de Chantemerle, dans la nuit du
16 au 17 août, pour la cacher dans cette
maison, que vous achetiez en hâte le soir
du 17 ?

Moufle, attéré, écrasé par la logique impitoyable de cette enquête, n'eut pas la

présence d'esprit de répondre de manière
à détourner les soupçons du lieutenant de
police, qui prenait des notes à chaque instant.

Il demeura interdit et silencieux, se
consultant tout bas, et se préoccupant
surtout des embarras dans lesquels le
comte de Vermandois allait se trouver, la
retraite de Louise étant découverte et son
enlèvement n'étant plus un mystère.

M. de la Reynie le regardait toujours
fixèment, avec la même impassibilité de
visage et de contenance.

Moufle, jugeant bien qu'il ne parvien-

drait pas à sortir à son avantage d'un plus
ample interrogatoire, résolut de s'y soustraire, en payant d'audace et en élevant
la voix comme s'il n'avait rien à craindre.

— Monsieur le lieutenant de police, dit-
il d'un ton ferme et décidé, j'étais chargé
d'une commission délicate auprès de vous,
de la part de Son Altesse monseigneur le
comte de Vermandois ; mais je ne me sens
pas autorisé à la remplir comme il faut,
en face du mauvais vouloir et des préven-
tions défavorables que vous m'avez témoi-
gnés. Je vous demande donc de permettre
que je sois ramené par vos gens, si bon
vous semble, devers Son Altesse qui est à
Versailles ; j'ai besoin de prendre de nouvelles instructions, ou plutôt je prierai Son

Altesse d'envoyer à vous quelque autre mieux accrédité...

— C'est vous, interrompit l'inflexible lieutenant de police, c'est vous qui avez excité la compassion de M. le comte de Vermandois en faveur des protestants du Dauphiné, et notamment du sieur de Chantemerle ?

— Je n'ai qu'un mot à repondre à cette insinuation ; je suis et resterai bon catholique.

— C'est vous, poursuivit M. de la Reynie, c'est vous qui avez poussé ce jeune prince à solliciter la grâce du comte de Chantemerle, auprès de Sa Majesté ?

— Ce n'est pas moi, monsieur; mais si c'était moi, je m'en glorifierais... Aussi bien, ajouta-t-il en épiant à son tour les impressions et les pensées du lieutenant de police, Sa Majesté n'a point attendu les sollicitations de Son Altesse, pour signer la grâce de M. le comte de Chantemerle.

— Ces lettres de grâce, dont vous voulez parler, n'ont jamais existé, et le roi n'appréhende pas qu'on les lui représente.

— On les lui représentera, monsieur, dit solennellement Moufle. On les représentera, ajouta-t-il d'un air plus indifférent, quand il sera temps d'en réclamer la teneur.

— Soit! ce n'est pas notre affaire! reprit tranquillement M. de la Reynie! soupçonnant que Moufle pouvait bien avoir quelque renseignement particulier sur ces lettres de grâce, qui devaient être fausses si elles existaient. Puisque vous savez, dit-il brusquement, en quel lieu se cache mademoiselle de Chantemerle, ne savez-vous point aussi où trouver son père?

— Je ne sais rien, murmura Moufle avec tristesse et découragement; je ne sais rien que je puisse vous dire, mais je vous jure que vous apprendrez du nouveau, si vous me faites conduire à Versailles, chez Son Altesse...

— Pas ce soir, car il se fait tard et vous

arriveriez après le coucher de M. le comte de Vermandois. Demain, peut-être...

— Monsieur le lieutenant de police! dit Moufle, qui eut enfin recours à la prière, je vous conjure de me faire sortir d'ici ce soir même.

— Je le voudrais que je ne le pourrais! Il faut que j'en réfère au roi, qui juge et décide seul dans cette affaire des Templiers.

— Il s'agit bien de Templiers! s'écria Moufle perdant patience. Je vous offre toutes les cautions et garanties valables...

— En fait de caution, il n'en est pas de

meilleure que celle de M. le comte de Vermandois pour son premier valet de chambre; mais je ne saurais rien faire sans
l'ordre du roi... Demain je reviendrai vous
interroger...

— Demain! Vous me retenez en prison comme un mauvais sujet, comme un
criminel! Vous me faites ce déshonneur...

— Il n'y a pas de déshonneur à loger
une nuit au château de la Bastille. De plus
grands que vous, monsieur Moufle, y ont
demeuré, qui, je l'espère pour vous, étaient
aussi plus coupables. Bonsoir donc, monsieur!

Moufle n'eut pas le courage de tenter

un effort pour sa délivrance immédiate; il
se résigna en gémissant, et sortit, la tête
basse, sans saluer le lieutenant de police.

Celui-ci ne le regardait plus et s'occu-
pait déjà de rédiger un rapport au roi sur
l'arrestation du premier valet de chambre
du comte de Vermandois.

On ramena Moufle dans sa prison, et le
porte-clés lui accorda dix minutes pour se
mettre au lit, avant d'éteindre sa lumière.

Ce geôlier, accoutumé à juger des choses
de son métier d'après des indices certains,
n'augurait pas que la détention de son
nouvel hôte de la Bastille dût cesser aussi-

tôt que celui-ci s'en flattait. Il le considérait à la dérobée en clignant l'œil.

— Monsieur, lui dit-il au moment d'emporter le flambeau, si vous avez sur vous quelque objet de valeur, comme montre, bijoux, argent, je vous conseille fort de me le remettre en garde ; car, si l'on vous donne des compagnons de chambre, il serait possible que vous fussiez volé.

Moufle, qui allait monter dans son lit, pensa que le son de l'or que contenaient ses poches avait pu éveiller la cupidité du porte-clés.

Il répondit qu'il n'avait rien de précieux

à mettre en sûreté, et il eut soin de placer
ses habits sous son traversin, dès que le
geôlier se fut retiré.

Il était trop ému, trop inquiet, trop agité,
pour pouvoir s'endormir.

Il passa en revue dans son esprit tous
les événements qui s'étaient succédé depuis son départ de Fontainebleau, et il en
vint à regretter l'inspiration qui lui avait
fait quitter l'Ermitage, au moment même
où sa présence eût été si utile à mademoiselle de Chantemerle.

Il se félicitait pourtant d'avoir recouvré
les lettres de grâce, quoiqu'il eût été fort

en peine de les employer sur-le-champ, et qu'il ne sût pas même comment avertir de cette heureuse découverte quelqu'une des parties intéressées.

Mais il ne pouvait s'habituer à l'idée de ne pas tenir la promesse qu'il avait faite d'être de retour à l'Ermitage, le lendemain avant midi.

Cette promesse, il en devait compte à Thérèse, et il aimait Thérèse comme le prince aimait Louise.

Il formait mille projets, cherchait mille expédients, passait de l'espérance au désespoir, et souhaitait que le jour parût, sans croire que le jour changeât rien à sa situation.

Enfin, accablé de fatigue, épuisé de force morale, il finit par s'assoupir en continuant à s'occuper, dans ses rêves, des sujets qui l'avaient tenu longtemps éveillé.

Soudain son sommeil, lourd et anxieux, est interrompu par le roulement des verroux et le grincement des clés dans les serrures.

Il se soulève sur son séant, lorsque la porte de la chambre s'ouvre.

Il voit entrer deux hommes, que la faible

clarté de la lanterne qui les éclaire ne lui permet pas d'abord de distinguer et de reconnaître.

Il s'imagine que ce sont des voleurs, des assassins, et il s'apprête à se mettre en défense.

Mais il entend la voix du porte-clés qui les conduit, et il ne tarde pas à s'assurer que ce sont des compagnons de captivité qu'on lui amène; il se recouche alors, et il se soumet malgré lui à cette cohabitation gênante, sinon dangereuse, avec des étrangers, peut-être avec des malfaiteurs.

Il écoute, en feignant d'être endormi.

— Seigneur! Seigneur mon Dieu! s'é-
crie solennellement un des deux nouveaux
venus, en s'agenouillant au milieu de la
chambre ; c'est ici votre temple, c'est ici
votre autel, c'est ici le sanctuaire de la
persécution des enfants d'Israël. Nous aurons un cœur d'airain dans l'épreuve du
martyre.

« — Souviens-toi, ô Éternel! de ce qui nous
» est arrivé, et vois notre opprobre! » dit le
second prisonnier qui récitait d'une voix
dolente le texte français des Lamentations
de Jérémie. « Notre héritage a été renversé
» par des étrangers, nos maisons par des
» forains. Nous avons été poursuivis, l'é-
» pée sur la gorge. Nous nous sommes
» donné beaucoup de mouvement, et nous
» n'avons point eu de repos. »

— Nous aurons bientôt le repos de la tombe! reprit le premier, qui réclama l'aide du second pour se relever en chancelant. La Bastille est remplie de nos frères qui se préparent à la mort et qui ne trébuchent pas dans la voie de l'Évangile.

— Je serais plus résigné à mourir, murmura l'autre prisonnier, si je savais que ma fille doit persévérer dans notre sainte religion jusqu'au trépas!

Moufle avait reconnu le comte de Chantemerle et le pasteur Jérémie Cornouaille.

V

Un jour de médecine.

Louis XIV marchait d'un pas précipité dans les allées d'un bosquet du parc de Versailles.

Il était en proie à une des plus vives émotions qu'il eût jamais éprouvées.

Sa respiration sifflante soulevait avec effort sa poitrine oppressée ; son regard fixe et menaçant restait abaissé vers la terre, sans rien voir ; des mouvements convulsifs parcouraient tout son corps ; les traits de son visage, violemment crispés, exprimaient l'indignation et la fureur.

Il frappait du pied par intervalles, et fustigeait à droite et à gauche, avec sa canne, les charmilles presque dépouillées, qu'il semblait vouloir châtier en leur ôtant leurs dernières feuilles.

Derrière lui, le Dauphin suivait, à peu de distance, l'air abattu, l'œil éteint, la bouche béante ; son maintien timide et indécis trahissait autant d'embarras que de tristesse.

Le roi avait voulu s'éloigner davantage des gentilshommes qui l'accompagnaient dans sa promenade, quoiqu'il leur eût ordonné d'un geste impératif de se tenir hors de la portée de la voix, quand il avait entamé avec le Dauphin un entretien qui n'était qu'interrompu, et qui devait reprendre avec plus de liberté, dès que les deux interlocuteurs seraient à l'abri de toute indiscrétion des yeux et des oreilles de la cour.

Le roi s'arrêta le premier en se tournant

spontanément vis-à-vis de son fils, qui demeura immobile avec la plus humble contenance.

On eût dit un coupable en face de son juge.

Les yeux de Louis XIV lançaient des éclairs ; il avait les mâchoires serrées et les lèvres comprimées ; il fermait les poings et faisait toujours manœuvrer en l'air sa terrible canne.

— Pourquoi ne l'avez-vous pas tué ? s'écria-t-il d'un accent formidable. Oui ! pourquoi ne l'avez-vous pas tué ?

— Sire, j'en ai eu la pensée, mais je ne

l'ai point osé! répondit le Dauphin qui n'avait pas encore levé son regard vers le roi.

— Vous ne l'avez point osé? Belle raison que cela! Il fallait oser, monsieur; il fallait tirer votre épée et lui en donner dans le ventre. Je vous eusse approuvé, je vous aurais pardonné!

— Ah! si j'avais été sûr de votre approbation, Sire! Mais c'est bien grave de tuer un homme soi-même, et quand cet homme est un prince, le propre fils de Votre Majesté...

— Lui! mon fils! interrompit le roi avec

un nouvel accès d'emportement. Lui! ce
vaurien, ce débauché, cet impie, ce criminel!... Non, monsieur, il n'est pas mon
fils, il ne l'a jamais été, et le fût-il, il ne
le serait plus maintenant!

— Je sais à présent ce que j'aurais à
faire, si semblable cas se présentait... Oh!
comme je le tuerais de bon cœur!

— Le malheureux a porté la main sur
vous, sur le Dauphin de France, sur l'hé-
ritier de la couronne! c'est un crime de
lèze-majesté!

— Je l'ai bien jugé ainsi, et je me disais,
Sire, que vous lui auriez fait trancher la
tête si la chose s'était passée devant vous.

— Je l'aurais tué de ma propre main, ce misérable enfant!... Oui, c'est un crime de lèze-majesté! répéta-t-il en se demandant, à part lui, ce qu'il devait faire pour punir un pareil crime. Et cela, dites-vous, a eu lieu dans la forêt?

— Oui, Sire; tandis que je m'y promenais seul, M. de Vermandois est accouru comme un homme en démence...

— Vous étiez seul, reprit le roi, et vous pouvez certifier que personne au monde n'a été témoin de ce fait?

— Personne, Sire, bien que M. le chevalier de Lorraine fût près de là; mais il n'a rien vu ; il ne s'est même pas douté de ce qui venait de se passer, quand il est survenu au bruit de la dispute. Je me suis bien donné de garde de lui en rien dire !

— C'est un châtiment, monsieur, que le ciel vous a envoyé pour vous apprendre à ne plus fréquenter le chevalier de Lorraine.

— M. le chevalier de Lorraine, Sire, est un des plus fidèles serviteurs de Votre Majesté...

— Fi ! ne m'en parlez pas ! repartit le roi avec une grimace de dégoût. Je me demande même si ce n'était pas un complot entre ce malhonnête homme et M. de Vermandois! Ne savez-vous pas qu'ils appartiennent l'un et l'autre aux mêmes compagnies de débauche? Ne vous ai-je pas averti que le chevalier de Lorraine était le soi-disant grand-maître des Templiers?

— Sire, je vous assure que M. de Lorraine m'a donné de grandes marques d'attachement, et s'il avait été là lorsque j'ai reçu le soufflet, il eût certainement passé son épée au travers du corps de M. de Vermandois...

— Et s'il avait commis ce meurtre, monsieur, je l'aurais fait monter sur l'échafaud! Sans doute vous aviez le droit, vous, offensé, indignement offensé, de tuer l'offenseur sur la place, parce que vous êtes le Dauphin et que vous seriez roi si mon règne était fini! Mais malheur à quiconque eût attenté à la vie d'un prince du sang, si coupable qu'il pût être!... Je suis fâché vraiment que M. le chevalier de Lorraine se soit trouvé si près de là... Qui vous peut affirmer que ce méchant chevalier n'a pas vu la querelle et le soufflet?

— Non, Sire, n'ayez pas cette inquiétude; M. le chevalier de Lorraine était trop loin de nous, à ce point qu'il n'a pas même vu partir M. de Vermandois, et qu'il ne soupçonne pas que nous ayons eu ensemble cette altercation...

— Mais, dit le roi qui voulait s'éclairer sur tous les détails de cette fatale aventure, comment M. de Vermandois se trouvait-il à Fontainebleau et dans la forêt, le lendemain de son départ de Versailles pour l'armée ?

— Sire, vous m'en demandez plus long que je n'en sais : toujours est-il que j'ai rencontré M. de Vermandois dans la forêt, vers sept heures du matin.

— Et vous-même, monsieur, qu'alliez-vous faire seul dans la forêt, à sept heures du matin, avec le chevalier de Lorraine ?

— Je crois avoir dit à Votre Majesté que

je me promenais!... répliqua le Dauphin,
qui se troublait à ces questions imprévues.

— On ne se promène point à sept heures
du matin ; on ne sort point de si bonne
heure, à moins d'aller en chasse.

— Justement, Sire, je me promettais de
de faire une très belle chasse au loup dans
les bois du Bas-Bréau.

— Je n'aime pas ces chasses au loup,
qui sont fort dangereuses, dit le roi en le
regardant avec sévérité. Et M. de Vermandois, croyez-vous qu'il soit revenu exprès
de Paris, où il était allé, pour courir le
loup à Fontainebleau?

— Sire, il n'y a que lui qui puisse répondre là-dessus. Je l'ai vu seulement très
animé, presque insensé ; il n'eût pas été
autrement, je vous jure, s'il avait trouvé
sur son chemin l'homme sauvage qui fit
perdre la raison au roi Charles VI...

— Sornettes, contes de bonnes femmes !
Les rois de France ne perdent jamais la
raison !... Mais vous ne m'avez pas dit l'objet de la querelle ?

— L'objet de la querelle ? répéta le Dauphin, plus troublé et plus confus. Il n'y
avait pas d'autre objet que la folie de M. de
Vermandois.

— Dites la vérité et ne cachez rien,

monsieur. Je soupçonne M. de Vermandois d'être un peu gâté par les conseils des protestants.

— Il n'y a pas de protestants à votre cour, Sire, car vous ne le souffririez pas!

— Non, sans doute; mais je veux savoir si votre débat n'est point survenu à propos de la religion prétendue réformée?

—Aucunement, Sire; nous nous sommes échauffés en paroles; je l'ai appelé, je crois, fou, ivrogne, Templier...

— Vous avez eu tort de lui donner des noms injurieux, mais, lui, il avait mille

fois tort de vous manquer de respect...
Écoutez, Louis, jurez-moi par la vénéra-
tion que vous me devez comme à un roi et
à un père, jurez-moi qu'il a porté la main
sur vous !

— Je le jure, Sire! dit le Dauphin, qui
leva le bras au ciel pour le prendre à témoin de ce serment.

— Jurez-moi qu'il vous a frappé au
visage! jurez-moi qu'il vous a donné un
soufflet!

— Je le jure, Sire! répondit le prince,
en prêtant à son affirmation un caractère
solennel; je le jure!

Le roi, profondément affligé de ce fu-
neste débat de famille et balançant encore
à se prononcer entre ses deux fils, mit une
main sur ses yeux, où il sentait poindre
deux larmes, et demeura quelques instants
pensif, absorbé dans sa douleur. Le Dauphin attendait respectueusement la décision du roi. Un long soupir annonça que
Louis XIV venait de se résoudre à prendre
un parti.

— Monsieur, dit-il en pesant chacune
de ses paroles, monsieur, voici ce que vous
ferez : oubliez ce qui s'est passé...

— Que j'oublie une pareille injure ! s'é-
cria le prince, qui s'imagina que le roi lui

commandait de pardonner au comte de Vermandois et refusait de le venger. Si Votre Majesté ne m'accorde pas la réparation d'honneur qu'il faut, je la supplie de me permettre de provoquer en duel l'auteur de l'offense que je dois laver dans son sang ou dans le mien.

— Un duel! murmura le roi, qui repoussait ce moyen de représailles qu'il avait rigoureusement condamné par ses édits. Les duels sont interdits dans mon royaume, sous peine de bannissement et même de mort.

— Mais enfin, Sire, je ne puis conserver, moi, Dauphin de France, la trace d'un soufflet sur ma joue?

— C'est au roi de faire la vengeance et la réparation. Observez donc mes ordres, monsieur, avec un zèle religieux. Il sera fait bonne justice de l'auteur du crime de lèze-majesté ; j'y tiendrai la main comme roi. Mais vous, monsieur, ne vous entre-mêlez plus de cette affaire, qui n'est plus la vôtre, puisque j'en fais la mienne. Ayez soin, sur votre honneur, de ne jamais ré-véler à nul être vivant cette déplorable histoire ; ensevelissez-la en votre mémoire, comme dans une tombe. Retournez ce-pendant à Meudon, et demeurez-y jusqu'à ce que je vous mande... Mais j'y songe ! dit-il tout à coup en reculant avec des signes d'inquiétude et de mécontentement ; vous arrivez de Meudon, et nous apportez la rougeole !

— Je viens de Fontainebleau, Sire, et n'ai fait que passer à Meudon une nuit, sans voir personne, à cause de la rougeole qui y est, dit-on.

— Aussi, reprit le roi en se tenant à distance et en se bouchant le nez, qu'alliez-vous faire à Meudon, quand la rougeole y est?

— Je ne savais pas qu'elle y fût, Sire; autrement je me serais bien gardé d'y venir, d'autant plus que je crains le mauvais air comme Votre Majesté le peut craindre. Au reste, je n'ai voulu voir ni la Dauphine ni le duc de Bourgogne, qu'on disait malade et qui va mieux à présent.

Voilà pourquoi j'étais retourné à Fontainebleau.

— Tenez, monsieur, vous dirai-je votre fait en trois mots : si vous fussiez demeuré à Versailles, rien de tout ceci ne serait advenu, et, qui plus est, je n'appréhenderais à cette heure que vous nous ayez donné la rougeole !

— Que m'ordonne Votre Majesté, Sire? répliqua humblement le Dauphin. Demeurerai-je? partirai-je?

— Dites-moi d'abord : en quel état de santé vous trouvez-vous?

— Moi, Sire! repartit le Dauphin qui fit un pas vers le roi.

— Point! ne vous approchez pas de nous, monsieur, en cas que vous ayez pris à Meudon la rougeole!

— Il y a trois jours de cela, Sire, et rien ne prouve, d'ailleurs, que cette rougeole ait jamais existé.

— N'importe, c'est une très perfide maladie, et je vous prie de vous entendre à cet égard avec Fagon, qui vous traitera en conséquence, de manière à ce que nous soyons pleinement rassurés sur votre santé et sur la nôtre.

— Mais vous ne m'avez pas fait savoir, Sire, en quel lieu il vous plaît que j'aille?

— Restez céans ; voyez Fagon, et contez-lui votre cas, c'est-à-dire le danger qu'il y aurait pour vous et pour nous à ce que vous soyez malade de la rougeole, à l'instar du petit duc de Bourgogne. Vous aviez bien affaire, vraiment, d'aller à Meudon.

— Sire, je vais m'enfermer dans mon appartement, en attendant vos ordres ; je ne verrai personne ; je n'irai et ne viendrai que d'après le commandement de Votre Majesté.

Louis XIV avait oublié un moment l'injure faite au Dauphin par le comte de Vermandois, il ne se préoccupait plus que des inconvénients qui pouvaient résulter pour sa propre santé, du séjour passager de son fils au château de Meudon, où l'on avait prétendu que la rougeole régnait épidémiquement.

Mais son premier médecin, Fagon, qu'il fit appeler pour le consulter sur cet objet, le tranquillisa un peu en proclamant doctoralement que le Dauphin n'avait pas et n'aurait pas la rougeole, dont le petit duc de Bourgogne n'était pas atteint; car on savait avec certitude que l'indisposition de cet enfant était heureusement terminée.

Cependant le roi avait exigé que, pour plus de sécurité, le Dauphin fût soumis à un traitement préventif, bains, fumiga-

tions, pilules et autres médicaments ; bien
plus, le roi, qui craignait par dessus tout
les épidémies, voulut aussi être médicamenté lui-même, pour se garantir de l'influence de la rougeole.

Ce fut donc un retard de vingt-quatre
heures, apporté à la réunion du grand
conseil d'État, que Louis XIV se proposait
de réunir chez madame de Maintenon,
afin d'y examiner secrètement l'affaire du
soufflet donné au Dauphin et de prendre
à cet égard une décision solennelle qui
aurait toute l'autorité de la chose jugée
sans appel par un tribunal souverain.

Le Dauphin, pour obéir au roi et pour

se rassurer lui-même contre l'épidémie,
était donc fort sérieusement absorbé par
des ordonnances d'apothicaire, quand le
chevalier de Lorraine, qui ne s'aventurait
pas souvent à pénétrer dans l'intérieur
du château de Versailles, au mépris de
l'interdiction royale, se glissa dans l'appartement du prince, qu'il n'avait pas vu
depuis plusieurs jours.

Le Dauphin fut étonné, mais charmé
de le voir, car il s'était claquemuré depuis
la veille, et il n'avait pas même admis auprès de lui les officiers de sa maison.

Il s'était donc prodigieusement ennuyé,
et, ne sachant comment employer son

temps, après avoir bâillé à se briser la mâchoire, après avoir fait une foule de monologues tragi-comiques sur le soufflet qui brûlait encore sa joue, après avoir lu dans la *Gazette de France* l'article des morts et des mariages, la seule lecture qu'il se permît jamais, après avoir enfin cherché à distraire son oisiveté avec un jeu de cartes, il s'était mis à souhaiter la présence de la Raisin, qu'il regrettait surtout depuis qu'elle avait disparu de Fontainebleau.

— Si j'amène un brelan de dames, disait-il tout haut en retournant ses cartes, qu'il avait divisées en plusieurs paquets, ce sera l'annonce du prochain retour de Fanchon... Pourvu que ce vilain comte

de Vermandois ne me l'ait pas enlevée
pour toujours!

— Voici du nouveau, monseigneur! s'é-
cria le chevalier de Lorraine, qui entra
sans frapper et,qui vint s'asseoir familièrement à côté du prince.

— Ah! c'est vous, chevalier? repartit le
Dauphin, qui avait rougi, s'imaginant que
sa querelle avec le comte de Vermandois
était connue à la cour.

— C'est moi, monseigneur, et mieux
encore, c'est notre rebelle, notre fugitive,
notre diablesse, par la mordieu!

— Qui? Fanchon? s'écria le Dauphin,

qui se leva pour courir à la porte, oubliant qu'il était en robe de chambre.

— Tout beau ! monseigneur ; elle n'est point ici, mais elle est à Versailles, dans le château même...

— A Versailles?... Eh ! que vient-elle y faire? dit le prince, en pâlissant. C'est mal suivre mes ordres que de venir au château lorsque le roi s'y trouve ! Et vous-même, chevalier, ne risquez-vous pas de déplaire à Sa Majesté, en y venant aussi?

— A moins que Votre Altesse ne s'en aille dire au roi que je suis venu, je doute fort que le roi en puisse être instruit. Mais

ce n'est pas de moi qu'il s'agit, monseigneur, et j'ai voulu seulement vous avertir que la Raisin avait la rage de vous voir.

— Elle prend bien son temps, en vérité!
Le roi m'a mis aux arrêts dans mon appartement, pour que je me traite contre la
rougeole.

— La rougeole? répéta le chevalier de
Lorraine, en regardant le prince avec
surprise. Qui est-ce qui a la rougeole, s'il
vous plaît?

— Ce n'est pas moi, je l'espère, ni vous
non plus; mais on parle de rougeole à la
cour; on a cru qu'elle régnait à Meudon,

et le roi exige que tout le monde se pré-
munisse contre cette maladie contagieuse;
c'est pourquoi je me suis baigné, purgé,
médicamenté...

— Eh bien! monseigneur, vous vous
préserverez de la rougeole plutôt que de la
Raisin. Elle vous cherche, elle veut vous
voir?

— Je la verrais volontiers, si nous n'é-
tions pas à Versailles, mais, entre nous,
je n'oserais la recevoir ici : on le saurait,
on en gloserait, et le bruit en irait aux
oreilles du roi. Non! dit-il, après s'être
consulté : il est imprudent que je la voie
dans les circonstances où nous sommes,

et le mieux est qu'elle s'en aille à Paris jusqu'à ce que je la fasse avertir.

— Elle n'entendra pas de cette oreille-là, mordieu! Vous la connaissez, et vous n'ignorez pas que c'est un ouragan. Elle veut bien ce qu'elle veut, et elle le veut de telle sorte aujourd'hui, qu'elle vous verra, qu'elle entrera céans, fût-ce par la cheminée.

— Mais çà! que veut-elle cette démonne? Elle ne vous a pas dit que je devais être furieux contre elle?

— Furieux, monseigneur? elle ne le soupçonne guère, puisqu'elle s'en vient vous demander une grâce.

— Quelle grâce, s'il vous plaît? Il faut qu'elle soit bien effrontée pour me demander une grâce après son vilain procédé!

— En effet, vous lui gardez rancune à cause du portrait? Mais je gagerais que Votre Altesse s'est trompée...

—Encore!... Vous me soutiendrez, chevalier, que ce n'était pas mon portrait, que j'ai vu..... que quelqu'un a vu dans les mains de M. de Vermandois?

— Ce quelqu'un, monseigneur, pouvait avoir la berlue, et, comme je vous le disais à Fontainebleau, la Raisin est une trop fine mouche pour s'être dessaisie de ce portrait qu'elle nommait son talisman.

— Talisman ! ta, ta, ta ! Les femmes, chevalier, sont des monstres de fausseté et de malice ! Tout est possible de leur part, et il ne faut jamais dire qu'une femme est innocente d'un fait, à moins que le fait se soit passé eu Chine pendant que la femme était à Paris.

— Ah ! monseigneur, ne s'agit-il que de dire du mal des femmes, j'en dirai plus que vous ?

— La vérité est que Fanchon m'a fait un tour pendable et que je ne la verrai de

ma vie. Ne me parlez pas de cette vilaine
qui donne mon portrait à mon pire ennemi ! J'avais oublié son méfait, tant je
suis bénin ! Mais voici que la mémoire
et avec elle le désir de punir cette infidélité, cette déloyauté, cette perfidie...

— Je ne défendrai pas la Raisin, monseigneur, par cette bonne raison, qu'elle
est femme, tout comme une autre ; cependant, je voudrais savoir le nom de
ce quelqu'un qui a vu votre portrait dans
les mains de M. le comte de Vermandois...

— Brisons là, chevalier ; ce sont des
souvenirs qui me poignent, et je me re-

pens de vous en avoir entretenu... Vous
dites donc, reprit-il en soupirant, que
Fanchon est venue exprès pour me voir ?

— Elle venait peut-être vous apporter
des nouvelles de ce portrait, qu'elle aura
perdu et retrouvé!...

— S'il était vrai qu'elle eût fait le voyage
de Versailles pour s'excuser de sa lâche
conduite et pour me demander pardon !

— C'est là, sans doute, le motif secret
de sa venue; mais le motif apparent est
tout autre et si étrange, qu'on peut le
croire supposé et imaginaire. Tenez, monseigneur, vous en saurez davantage et

vous aurez plus tôt fait, si vous me per-
mettez de vous amener Fanchon, en passant par les cours et les escaliers inté-
rieurs, de manière à n'être point aperçu.

— J'y consentirais de grand cœur, si
j'étais sûr que l'on n'en saura rien... Il y a
si longtemps que je n'ai vu Fanchon!

— Eh bien! monseigneur, je m'en vais
vous l'amener; cela vous distraira et vous
vaudra mieux que toutes les médecines.

— Hélas! il faut bien lui pardonner
d'être ingrate et perfide, puisqu'elle est
femme! Mais, à cela près, elle me plaît
autant que pas une, et je doute qu'on en

trouve une pareille pour l'esprit, la gaîté, la danse et la musique.

— Je vous préviens, monseigneur, qu'elle n'a point apporté son épinette avec elle, et, si elle danse, elle ne dansera qu'aux chansons ?

— Un moment, chevalier ! je suis encore indécis et perplexe. C'est la première fois que Fanchon va être admise dans mes appartements ; et si le roi le savait, si madame de Maintenon le savait, si M. de Vermandois le savait !

— La belle affaire ! Votre Altesse ne peut-elle donner des audiences aux gens qui viennent solliciter des grâces ?

— Mais vous ne m'avez pas dit la grâce que la Raisin veut obtenir de moi?

— Elle m'en a touché deux mots en courant, et il me semble qu'elle vous expliquera la chose mieux que je ne puis faire. Il s'agit d'un gentilhomme protestant qui est condamné à mort et qu'on a mis à la Bastille...

— Merci de moi! un gentilhomme protestant! Où diantre la Raisin va-t-elle ramasser des gentilshommes protestants? Et que lui importe, quand tous les gentilshommes protestants seraient condamnés à mort et mis à la Bastille?

— La chose lui importe fort, sans doute,

puisqu'elle est venue exprès de Paris avec la fille de ce gentilhomme.

— Bah! elle n'est pas seule! elle s'en vient avec une pleureuse! Point, point! je ne la verrai pas, je ne veux pas la voir.

— Voyez-la, monseigneur, et ne voyez pas la pleureuse, quoique celle-ci ne soit pas désagréable à voir, autant que j'en ai pu juger à travers ses coiffes. C'est une jolie fille, vraiment, et la Raisin est un peu bien niaise de vous la montrer.

— Oh! je ne me mêlerai pas de cela, quoi qu'on fasse; je ne mettrai pas la main dans les affaires des protestants...

— Qui sait? toute cette histoire n'est peut-être qu'un prétexte, et les protestants dont il s'agit n'ont probablement jamais existé. Je vous conseille de voir la Raisin, qui vous contera son affaire et qui vous parlera aussi pour les Templiers.

— Pour les Templiers? Eh! qu'ai-je besoin de m'embarrasser des Templiers? ils ne sont pas meilleurs à défendre que les protestants, et le roi est aussi outré contre eux, s'il ne l'est davantage. Décidément, j'aime mieux ne pas voir Fanchon.

—Mais il faut que vous la voyiez, monseigneur, pour vous en délivrer plus vite et sans scandale.

— Que le diable emporte ses protestants et ses Templiers ! mauvaises causes que celles-là !... Faites qu'elle retourne à Paris, chevalier.

— Elle n'y retournera, monseigneur, qu'après avoir vu Votre Altesse, et elle est là qui attend qu'on lui ouvre !

— Elle est là ? dit le Dauphin, montrant la porte dérobée que le chevalier de Lorraine lui désignait. Puisqu'elle est là, pourquoi n'entre-t-elle point ?

Le chevalier alla ouvrir la porte, qui était fermée en dedans, et il fit entrer la Raisin, en barrant le passage à mademoi-

selle de Chantemerle, qui allait entrer
aussi, et qu'il repoussa presque brutale-
ment dans le cabinet, où il voulut s'enfermer seul avec elle.

Mademoiselle de Chantemerle conçut
un tel effroi de se trouver séparée de sa
compagne et gardée à vue par un seigneur
dont l'air hardi et narquois n'inspirait
guères la confiance, qu'elle n'eut plus
d'autre pensée que de s'enfuir.

Elle sortit précipitamment du cabinet,
dans lequel on semblait vouloir l'emprisonner, et elle traversa, toujours courant,
plusieurs chambres, sans savoir où elle
allait, et uniquement préoccupée de l'idée

d'échapper à ce personnage inconnu qui
la poursuivait, en lui parlant de manière
à lui donner plus d'ardeur à la fuite.

— Mademoiselle! lui criait le chevalier
de Lorraine : on ne vous veut pas de mal!
tout au contraire. Je ne suis point Apol-
lon, et vous n'êtes pas Daphné!... Par la
mordieu! accordez-moi l'honneur d'un
entretien!... Vous n'avez rien à craindre
de moi, je vous assure, et je vous réponds
de mes honnêtes intentions à l'égard de
votre farouche vertu.

Mais Louise ne l'entendait point; elle se
hâtait davantage, et sa terreur redoublait
au bruit de ses pas, qu'elle prenait pour

ceux de l'homme qui l'avait poursuivie quelques instants.

Elle ferma sur elle plusieurs portes, et elle se trouva ainsi à l'abri de la poursuite, mais tout à fait égarée dans ce vaste palais, où elle n'avait jamais mis le pied.

Tous les efforts qu'elle fit pour sortir de l'espèce de labyrinthe où elle s'était aventurée, ne servirent qu'à l'éloigner de plus en plus de l'appartement du Dauphin, où elle avait laissé la Raisin.

Les différentes portes qu'elle avait fermées derrière elle l'empêchaient de revenir sur ses pas, et de rejoindre la personne qui l'avait amenée ; elle résolut d'attendre qu'on vînt la chercher, et elle s'assit sur un tabouret, dans un petit réduit sombre, où les gens de service ne passaient jamais.

Elle était à son insu dans les dépendances de l'appartement de madame de Maintenon.

Fatiguée de la route, de démarches actives et surtout d'émotions, l'isolement et le silence la disposèrent au sommeil ; elle s'endormit profondément.

La Raisin s'était élancée dans la chambre du Dauphin, sans regarder si mademoiselle de Chantemerle la suivait.

Elle arriva jusqu'au prince, qui essayait de se faire un maintien froid et austère pour la recevoir ; elle le regarda fixement, et, pour entrer en matière, elle éclata de rire, en lui adressant la moue la plus provocante et la plus malicieuse.

— Il n'y a pas de quoi rire ! lui dit le Dauphin, un peu décontenancé de ce prélude, riez, riez madame, si telle est votre envie.

— Oui, morgué ! je rirai, monseigneur, reprit-elle en riant plus fort, et fussiez-vous un Tyran-le-Blanc, vous ne m'empêcheriez pas de rire.

— Je n'ai garde aussi de vous en empêcher, madame, mais je serais bien aise de savoir pourquoi vous riez ?

— Pourquoi ? pour mille choses, s'il vous plaît, et j'estime que vous ririez aussi, monseigneur, en cas que vous puissiez voir votre air de Diafoirus...

— Il n'y a pas de Diafoirus! reprit le prince, blessé de cette plaisanterie de théâtre.

— Je ne rirai donc pas, monseigneur, s'il vous déplaît que je rie; et je pleurerai même, en cas que cela vous puisse agréer.

— Je ne veux pas non plus que vous pleuriez, madame, mais, certes, je n'ai

pas cœur à rire, lorsque je vois les inconséquences que vous faites...

— Quelles inconséquences, monseigneur? Soyez-moi plus indulgent, mon
cher prince, et ne me grondez pas de la
sorte devant la belle enfant que je vous
amène.

La Raisin pensait que mademoiselle de
Chantemerle était entrée à sa suite dans
la chambre; elle ne fut pas peu étonnée,
de ne plus la voir derrière elle, quand elle
se retourna pour la présenter au prince.

Elle fit mine de l'aller chercher, en rou-
vrant la porte, par laquelle le chevalier

de Lorraine était sorti ; mais elle n'aperçut personne dans ce cabinet, où elle
croyait les trouver l'un et l'autre.

Le Dauphin, avec un geste d'impatience, la rappela auprès de lui, et la força
de s'asseoir sur un petit tabouret, qu'il dominait de toute la hauteur de son grand
fauteuil, dans lequel il se posa majestueu-
sement d'un air de Minos.

— Nous avons de grosses explications à
traiter ensemble, lui dit-il avec gravité ; je
vais vous interroger, madame, comme un
juge sur son tribunal ; vous tâcherez de
vous excuser de point en point, s'il est
possible, et nous verrons ensuite à régler
nos comptes.

— Comme vous me regardez, monseigneur! s'écria-t-elle, en feignant d'être fort émue, mais sans avoir la moindre inquiétude au sujet des explications qu'on lui demandait. On croirait que vous allez me condamner à manger des couleuvres.

— Et d'abord, pour ne pas rompre les chiens quand je vous interrogerai, dites-moi tout de suite ce que vous avez à me dire pour vos Templiers et vos protestants?

— M. le chevalier de Lorraine, m'est avis, a brouillé tout, en vous parlant de l'objet de ma visite. Premièrement, je ne pense pas que Votre Altesse se soucie de se mêler des affaires des Templiers.

— Ni de celles des protestants, je vous jure. Ce sont, les uns et les autres, de dangereux amis, et le roi ne me pardonnerait pas de m'intéresser à ces gens-là, qui ont toujours maille à partir avec la justice.

— M. le chevalier de Lorraine m'a prié pourtant de vous adresser une requête en faveur des Templiers qu'on emprisonne et qu'on va juger. Ces Templiers sont la plupart de bons gentilshommes, qui n'ont pas d'autre tort que d'aimer plus que de raison le vin et le jeu...

— Ce sont des athées et des libertins ! interrompit le prince en frappant du pied comme un enfant colère.

— Je vous les livre pour ce qu'ils sont, monseigneur, et je m'en lave les mains. Il y a pourtant parmi eux quelques-uns de mes amis, le chevalier de Tilladet, Manicamp, le marquis de Biran et même le chevalier de Lorraine...

— Ne calomniez pas ce pauvre chevalier, ma mie ; il pense comme moi sur le fait des Templiers, et ne songe guère à les défendre.

·· Soit, monseigneur ; j'ai rempli ma

commission, et l'on pendrait tous les Templiers du monde, que je n'y prendrais garde. Mais j'en viens à un sujet qui m'importe davantage : il y a un seigneur protestant du Dauphiné, nommé le comte de Chantemerle...

— Qui a été condamné à mort pour crime de rébellion contre les troupes de Sa Majesté ? J'ai ouï parler de ce grand criminel, qui était en fuite, et qu'on a enfin découvert dans le château de Fontainebleau où il se tenait caché.

— Eh bien ! monseigneur, je suis venue de Paris à Versailles, pour que Votre Altesse m'accorde la grâce de M. de Chantemerle.

— Moi ! s'écria le Dauphin, étourdi de cette demande imprévue. Je ne suis pas le roi, s'il vous plaît, pour faire grâce à des condamnés !... Vous nous la bâillez belle, Fanchon, reprit-il avec impatience. J'ai bien affaire, vraiment, de vos huguenots !

— Monseigneur, dit la Raisin en se levant avec la dignité d'une reine de tragédie, je ne quitterai pas Versailles, que vous n'ayez fait signer par le roi la grâce de M. le comte de Chantemerle.

— Vous me demandez là l'impossible, ma chère Fanchon ! repartit le prince, subjugué par cette sommation impérieuse. Oui, sur ma parole, je le voudrais pour

vous faire plaisir, que je serais fort èm-
pêché de l'essayer même...

— Vous avez entendu ma résolution :
je ne sortirai d'ici qu'avec la grâce de
M. de Chantemerle.

— Eh! bon Dieu! je n'y puis rien, je
vous assure! répliqua le Dauphin, surpris
et inquiet de tant d'obstination.

— Peu m'importe? disait-elle, en s'agitant autour du prince, qui la regardait
avec stupeur. Il me fant la grâce de M. de
Chantemerle; il me la faut, parce que je
l'ai promise, et que je ne dois pas moins à
qui m'a sauvé la vie!

— Vous l'avez promise? objecta le prince, de plus en plus étonné. Qui donc vous a sauvé la vie?

— C'est mademoiselle de Chantemerle, la fille du pauvre gentilhomme qu'on a condamné, et qui est à la Bastille.

— Mademoiselle de Chantemerle vous a sauvé la vie?... Oui dà!... Qui est donc cette demoiselle?

— Morgué! ne le savez-vous pas? C'est la maîtresse de M. le comte de Vermandois.

— La maîtresse de M. de Vermandois!

répéta le Dauphin, tout ébahi de cette
nouvelle inattendue.

La Raisin se dirigea de nouveau, avec
assurance, vers le cabinet, dont la porte
était restée entr'ouverte ; elle espérait y
rencontrer mademoiselle de Chantemerle.

— Elle est venue avec moi, dit-elle, d'un
ton d'impératrice ; elle m'a suivie jusque
dans ce cabinet, elle vous expliquera
mieux que moi son affaire...

— Je ne veux pas la voir ! s'écria le
Dauphin qui courut fermer au verrou la
porte dérobée par laquelle la Raisin était
entrée. Je ne veux pas voir, ajouta-t-il

en proie à une vive agitation, je ne veux
pas voir les personnes qui viennent de la
part de M. de Vermandois!

— M. de Vermandois n'est pour rien
dans la démarche de mademoiselle de
Chantemerle; c'est moi, c'est moi seule
qui vous l'amène, c'est moi seule qui lui
ai promis que vous obtiendriez la grâce de
son père!

— Ah! M. de Vermandois se permet
d'avoir des maîtresses! se disait-il, en
méditant quelque vengeance sournoise.

— Vous en avez bien, vous! repartit
courageusement la Raisin. Ça, monsei-

gneur, êtes-vous disposé à dégager ma parole?

— Et vous dites que cette demoiselle vous a sauvé la vie? répliqua le prince qui devint sombre et menaçant. N'est-ce pas de M. de Vermandois que vous entendez parler, plutôt que de sa maîtresse?

— M. de Vermandois? je ne le connais pas et ne l'ai vu qu'une fois, vous présent, dans la forêt de Fontainebleau.

— Vous ne le connaissez pas, et cependant vous lui avez donné mon portrait.

— Qu'est-ce ? répondit-elle en rassem-
blant ses souvenirs. Votre portrait! j'ai eu
le malheur de le perdre, en effet.

— Si vous l'avez perdu, c'est M. de
Vermandois qui l'a trouvé, et il m'a voulu
faire croire qu'il le tenait expressément
, de votre bonne volonté...

— Il a menti, morgué, et je lui dirai en
face, devant vous !... Ouais, ajouta-t-elle
en s'animant de dépit et d'indignation, ce

n'est donc pas un gentilhomme que ce Vermandois, qui ment et qui déshonore les femmes ?

— Non, ce n'est pas un gentilhomme, c'est un bâtard ! murmura le Dauphin qui cherchait de l'écho dans un profond ressentiment contre ce prince. Va, ma Fanchon, efforce-toi de le hair et de le mépriser autant que je fais !

— Ce n'est pas d'aujourd'hui que vous le haïssez, vous ; mais moi, il ne m'a pas fait de mal, si ce n'est de m'avoir volé votre portrait et de prétendre qu'il le tient de ma main, le traître !

— Tu dois le détester si tu m'aimes, Fanchon, car il m'a fait la plus cruelle offense...

— Il vous a offensé, ce méchant prince! dit la Raisin en se rapprochant du Dauphin avec câlinerie.

— Une offense telle... s'écria-t-il en s'exaltant à ce point, que ses yeux se remplisssaient de larmes.

— Et quelle est cette offense? apprenez-moi ce qui en est, pour que je le déteste encore davantage.

— Le malheureux ! dit le prince attirant dans ses bras la comédienne qui pleurait déjà de le voir prêt à pleurer.

— Que vous a-t-il fait, ce perfide ? je vous aiderai à vous venger de lui, et s'il le faut, je le poignarderai !

— Il m'a insulté, il a osé porter la main sur moi, l'insolent !

— Jour de Dieu ! monseigneur, et vous ne l'avez pas tué comme un chien galeux ? Mais sans doute vous vous êtes battu en duel...

— Non, quoi qu'il m'ait offert de vider notre querelle et de réparer l'outrage l'épée à la main ; je suis le Dauphin de France, je ne pouvais me commettre avec cet homme qui n'est et ne sera jamais qu'un bâtard.

— Prince, je voudrais être Rodrigue ! dit tristement la Raisin, affligée de trouver si peu de cœur chez un Dauphin de

France. Écoutez : je me déguisererai en homme et j'irai provoquer en duel ce vilain compte de Vermandois.

— Sur ta tête, Fanchon, interrompit le prince, regrettant d'avoir laissé échapper un secret qui n'était pas trop à son honneur. Si tu révèles à qui que ce soit cette terrible aventure, je te ferai couper la langue !

— Oui-dà, monseigneur, on ne coupe pas la langue aux femmes, excepté chez les Turcs. Mais vous pouvez vous fier à ma discrétion. Ne suis-je pas la première

interressée à ce qu'on vous respecte,
et je donnerais volontiers cent ducats
pour que ce soufflet fût sur la joue d'un
autre.

— Silence! qu'on ne t'entende pas!...
tu vois l'outrage, ma mie : tu sauras bientôt
la vengeance.

— Dieu fasse qu'elle soit éclatante et
digne de vous! Que m'ordonne maintenant
Votre Altesse?

— De retourner à Paris tout à l'heure,

de bien jouer tes rôles, de me garder un peu d'amitié, et d'être fidèle à Raisin.

La comédienne demeurait interdite, quoiqu'elle fût accoutumée aux boutades fantasques et bizarres du Dauphin.

Elle s'apprêtait à lui adresser d'amers reproches, quand le bruit qui se faisait dans les antichambres la détourna de ses préoccupations.

Le prince avait reconnu aussitôt la cause de ce bruit inusité.

Il pâlissait, il rougissait, il allait et venait, en donnant les signes d'une violente émotion ; il cherchait à prendre un parti et ne savait auquel s'arrêter.

— Sortez, sortez sur-le-champ ou nous sommes tous perdus ! disait-il en poussant la Raisin vers un coin de la chambre, sans issue.

— Bonté de Dieu ! qu'est-ce donc ? répondait la comédienne, étonnée et irritée de ce brusque changement de ton et de manière d'être.

— Ne sortiras-tu, malheureuse ! reprit-

il en la forçant de se blottir dans la ruelle
du lit. Je te renierai comme si je ne te
connaissais pas! Et toi, Fanchon, sur ta
vie, garde-toi de prétendre me connaître!
Je ne sais plus qui vous êtes, ma mie, car
voici le roi!

FIN DU SIXIÈME VOLUME.

TABLE

Des chapitres du sixième volume.

—

QUATRIÈME PARTIE

(SUITE).

Fin de la table du sixième volume.

Fontainebleau. — Imp. de E. Jacquin.

LA BOUQUETIÈRE DU CHATEAU-D'EAU

Par **Paul de Kock**. — 6 vol. (complet).

LA COMTESSE DE CHARNY

Par **Alexandre Dumas**. — 19 vol. (complet).

UN DRAME EN FAMILLE

Par le marquis de **Foudras**. — 5 vol. (complet).

LES VALETS DE CŒUR

Par **Xavier de Montépin**. — 3 vol. (complet).

DEUX TRAHISONS

Par **Auguste Maquet**. — 2 vol. (complet).

SOUS TROIS ROIS

Par **Alexandre de Lavergne**. — 2 vol. (complet.)

MYSTÈRES DE LA FAMILLE

Par **Élie Berthet**. — 3 vol. (complet).

La famille Aubry et Louspillac

Par **Paul Meurice**. — 4 vol. (complet.)

UNE VIEILLE MAITRESSE

Par **Jules Barbey d'Aurevilly**. — 3 vol. (complet).

LE MAUVAIS MONDE

Par **Adrien Robert**. — 2 vol. (complet).

Fontainebleau. — Imp. de E. Jacquin.

www.ingramcontent.com/pod-product-compliance
Lightning Source LLC
LaVergne TN
LVHW020624060726
842526LV00003B/861